德州扑克马脚读牌术

刘立奥 王笑笑 著

电子工业出版社
Publishing House of Electronics Industry
北京·BEIJING

未经许可，不得以任何方式复制或抄袭本书之部分或全部内容。
版权所有，侵权必究。

图书在版编目（CIP）数据

德州扑克马脚读牌术 / 刘立奥, 王笑笑著 . -- 北京：电子工业出版社, 2024. 10. -- ISBN 978-7-121-48168-0

Ⅰ . G892.1

中国国家版本馆 CIP 数据核字第 2024KC3821 号

责任编辑：张　毅
印　　刷：三河市兴达印务有限公司
装　　订：三河市兴达印务有限公司
出版发行：电子工业出版社
　　　　　北京市海淀区万寿路 173 信箱　邮编：100036
开　　本：880×1230　1/32　印张：7.125　字数：166 千字
版　　次：2024 年 10 月第 1 版
印　　次：2025 年 6 月第 5 次印刷
定　　价：80.00 元

凡所购买电子工业出版社图书有缺损问题，请向购买书店调换。若书店售缺，请与本社发行部联系，联系及邮购电话：（010）88254888，88258888。

质量投诉请发邮件至 zlts@phei.com.cn，盗版侵权举报请发邮件至 dbqq@phei.com.cn。

本书咨询联系方式：（010）68161512，meidipub@phei.com.cn。

引　言

在时下比较流行的人工智能程序上，我问了这样一个有趣的问题：当一个三体人和一个德州扑克的顶尖玩家坐在一张桌子上，谁的胜率会大一些？

读过《三体》的朋友应该知道三体人是一种怎样的存在：他们的计算技术使他们能够轻松解决复杂而艰深的数学难题，包括对高度抽象和复杂的数学概念的理解。三体人利用他们的计算能力能够轻松准确地模拟星际系统的运动、宇宙的演化，甚至对未来事件进行预测。

随着人工智能的迅猛发展，数据已越来越受到重视，数据的生成、使用和共享门槛有望逐渐降低。德州扑克作为一种有规则的游戏，它的策略树固然庞大，但真的足以击溃三体人的计算系统吗？

换句话说，德州扑克这种游戏未来是否将被数据统治？勤于钻研的扑克玩家们如数家珍的技巧真的会被越来越先进的人工智能击破吗？

对于我的疑问，人工智能是这样回复的：

德州扑克的顶尖玩家更有可能拥有更大的胜率。这是因为德州扑克作为心理战游戏的代表，它每一分、每一秒都迫使玩家深思熟虑，推断对手的意图。顶尖的德州扑克玩家擅长欺骗对手，通过虚假的信号来扰乱其他玩家，从而获得优势。三体人由于其不揣度人心的特点，可能在这方面相对缺乏竞争力。心理分析和欺骗技巧会使得人类玩家更可能在与三体人对局时取得胜利。

显然，在没有数据优势的前提下，心理分析和欺骗技巧的重要性被拔到了一个无可替代的高度。

精明的玩家会努力掌握对手玩家无意中透露自己牌力或心理状态的一些线索或迹象，试图通过这些细小的端倪来判断对手的牌力强弱或意图，以制定合适的策略。

玩家主动或被动展露出的行为、表情、姿势等信号，我们称为"马脚"。对马脚的研究是一种学问，我们称为"马脚学"。

引 言

在德州扑克游戏的现场，是计算重要还是读（read）人（牌）重要一直是广受讨论的话题之一，对这个话题我的看法是不同的阶段有不同的答案。对初学者来说，了解一手牌应该怎么打无疑是最重要的。"先为不可胜，以待敌之可胜"，对牌局原理有基本的理解是一个成熟牌手最重要的素养。如果你还不理解德州扑克基本的数学逻辑、博弈关系、八大牌面的基本攻防，显然要先夯实自己的基本功。

当你的水平发展到一定阶段时，就会遇到瓶颈。基本的道理都懂，可是总感觉有力使不出，这时候你就需要一些马脚学的知识来辅助自己提高水平了。我的观点是，马脚学能够帮助有一定水平的玩家提高 20% 以上的胜率！

前　言

本书最宝贵之处在于采用了一种独特的思考马脚的方法——按场景分类。

这个思考方法的意义在于你能够用清晰的步骤来理解马脚，而不是靠忽远忽近、忽有忽无的"感觉"。

我曾经多次讲过我们普通人和所谓的高手之间的差别到底是什么。高手通常在遇到一件事情时心中便会自然而然地形成思考框架，框架中步骤与步骤之间大多数是堆叠而非并列的。堆叠的好处是当你完成第一步时，第二步已然呈现，你需要做的只是跟着步骤操作。马脚学也有这样的思考框架。

这种方法可以使你在面对牌桌上对手变幻莫测的信息时保持清醒，让你明白对马脚的一切解读都只在特定的场景下才有意义。通过这样的思考方式，你能够有效提高阅读马脚的能力。

我相信这本书的价值是会被重视和认可的，其内容是我在从事扑克行业十几年间，阅读了国外几乎所有扑克马脚学著作的基础上，结合我近几年的教学经验和学员的反馈所总结出来的。不论你的游戏级别或技术水平是高还是低，我相信这本书都会对你有所帮助。

前 言

如果你对马脚学有所了解，或者在与朋友的对局中总是能察觉到一些端倪，你就应该明白这些扑克玩家在不经意间泄露手牌实力的线索是何等宝贵。这本书详尽地描述了许多常见的身体语言和口头语言的马脚，是我解读对手的重要依据。我相信许多专业玩家对马脚学有一定了解，但能像本书这样如此详尽地介绍阅读马脚的并不多见。

本书还包含一个极为重要的章节，专门介绍如何迷惑和操纵对手。尽管你可能认为这种做法"不太道德"，但我仍然期望你认真了解。即便你不愿采用这些带有"欺诈"嫌疑的策略，但在面对一个"不太道德"的对手时，能够轻松识别他对你的操纵，也算是颇具价值的技能。

如果你对马脚学不太了解，那么在阅读本书时我建议你多看看我的 B 站账号"教练说德州"，其中有许多我做的赛事讲解，我还会在私信中接受并回答读者的提问。如果你喜欢这本书，应该也会喜欢这个账号。你可以把你的问题、想法和批评通过私信的形式发送给我。

适用对象

本书的主要适用对象是那些玩线下扑克的玩家，或者一直以来玩线上扑克，但是也想尝试或转型玩线下扑克的玩家。

我认为本书最适合有扑克经验且有一定水平的玩家。如果你是一位经常玩线下扑克的玩家（无论水平如何），你能够从本书中受益匪浅；如果你已经是非常有经验的顶尖玩家，本书可能提供给你的新知识并不多，但其中我会涉及一些你之前可能未曾听说或接触过的概念，或许会与你的经验碰撞出一些不一样的火花，激发出你的一些新灵感；如果你是一位总的来讲胜少败多的玩家，你可以在阅读本书的过程中进行自我审视；如果你发现你经常露出书中提到的马脚，那么你需要认真考虑如何在未来的游戏中更好地隐藏自己的马脚。

除此之外，如果你是一位对任何包含欺骗因素的竞赛感兴趣的玩家（事实上我认为所有的信息不对称博弈游戏中都包含欺骗因素），那么本书涉及的一些人类心理学和行为学的概念，或许也可以为你提供一些帮助。

使用指南

切勿将本书中提到的任何阅读马脚的方法或实例视为绝对的规则，更不能完完全全按照理论行事。

假设你对风险投资充满兴趣，购买了一本成功投资者的指南，尽管这本书提供了丰富的理论知识，但投资技能只有通过在实际投资活动中获得的风险和回报、对市场波动的体验以及不断的学习才能够逐步得到提升。只有亲身经历市场的涨跌，你才能够更好地理解和应对各种情况，逐渐获得成为一位成功投资者所需的洞察力和经验。

因此，本书中一切关于马脚学的理论都只是一个起点，你需要通过不断实操来提升自己识别和分析马脚的技能。它可以帮助你在脑海中构建一个系统的框架，但是不能替你坐上牌桌进行下注。

关于书中的图片与视频

为了提升阅读体验，我适度添加了一些辅助图片。这些图片通常只是为了呈现具体的表情或身体语言，而非直接关联玩家的马脚，毕竟图片并非教授阅读马脚的最佳工具。

作为一个视觉"动物"，我理解你可能会迫不及待地想要先浏览书中这些最具色彩的部分——图片。它们可能让你迅速看到最显著的马脚，但我建议你在通读本书之前不要先浏览图片。在马脚学的领域里，你更需要关注的是玩家长期的行为模式，而不是片刻的静态。尽管图片可能很吸引人，但不可否认的是，它们在整本书中的价值非常有限。

视频是一个极好的工具，它能够更加生动地展现玩家行为和牌力之间的联系。这也是我认为本书相对于传统的马脚类书籍而言最具创新性的地方。对于我认为非常重要的案例，我特意放置了对应的视频，希望你不要错过。这些视频将帮助你更直观地理解我所描述的情境，从而更深入地掌握马脚学的实际应用。因此，我建议你扫描下面的二维码添加客服微信号，获取我为你整理好的视频素材。这样你可以一边观看视频一边对照书中的描述，更好地理解马脚在实战中的表现。

目录

第一章　扑克马脚理论 ··· 001

马脚在德州扑克中的重要性 ·································· 002

马脚学是科学还是玄学 ·· 005

如何看待马脚 ·· 007

追求卓越 ·· 008

第二章　分析马脚的系统 ·· 011

联系的重要性 ·· 012

马脚的分类 ·· 015

马脚分类的重要性 ·· 020

有意识和无意识行为 ·· 021

马脚的影响因素 ··· 023

扑克心理学 ·· 025

第三章　等待行动时的马脚 ………………………………… 033

等待行动时的马脚（弱）……………………………………… 034

等待行动时的马脚（强）……………………………………… 073

第四章　下注后的马脚 ……………………………………… 101

下注后的马脚（弱）…………………………………………… 103

下注后的马脚（强）…………………………………………… 151

第五章　行动期间的马脚 …………………………………… 172

下注时间 ………………………………………………………… 174

过牌的速度 ……………………………………………………… 180

下注动作 ………………………………………………………… 182

宣布下注或加注 ………………………………………………… 188

咂么嘴 …………………………………………………………… 190

发表演讲 ………………………………………………………… 190

耸肩 ……………………………………………………………… 191

看着发牌员 ……………………………………………………… 191

下注时露出受刺激的表情 ……………………………………… 193

不看牌就下注 ………………………………………… 195

手抖 ………………………………………………… 196

其他常见的言语马脚 ………………………………… 197

结束语…………………………………………… 212

第一章

扑克马脚理论

马脚在德州扑克中的重要性

熟悉我的粉丝朋友们应该都知道我在学员群里有一个挥之不去的"梗"——"读牌能力1",起因是一位熟悉我的朋友给我所有的德州扑克技能打分时,在其他维度几乎满分的情况下,我的读牌技能最多只能得1分。

当然在此我就不过多赘述读牌在我以前一贯的理念中为什么是件无用的事情了。我之所以要在这里提到这件事情,是因为我想告诉你,后来除去思考标准的GTO(Game Theory Optimal,博弈论最优)策略玩法,我在参与线下扑克游戏时,专注于观察我的对手的时间远远大于其他任何事!我会仔细观察和对比对手玩家在手牌较强和较弱时的策略差异,我会盯着他的坐姿、视线、摆放筹码的位置、手握筹码的方式等各种倾向。甚至毫不夸张地说,我在刚入座时便会有意地观察对手玩家的一些习惯。这并不是一件简单的事情,它非常耗费我的精力。

通过多年的实践,我成功地培养出了自己阅读平均水平的玩家的能力。

"平均水平的玩家"这一词至关重要,如果把全世界的扑克玩家汇聚一堂,对他们的综合能力进行打分,那么前10%和后10%的玩家不在我们的阅读范围内,因为他们要么太强,要么太弱。对他们进行马脚的阅读实在是得不偿失。我希望本书给到你的马脚阅读技巧能够尽可能实用,所以我想不在那80%范围内的玩家应该也能理解我的做法吧,毕竟跳水比赛在打分的时候也需要剔除最高分和最低分来得到一个相对公平的分数。

我认为扑克玩家露出马脚主要有两种原因：一种是无知或精神上的松懈，另一种是情绪的外露。

缘于第一种原因的马脚的出现主要是由于玩家中大多数人没有意识到他们正在被对手密切观察着，因此没有主动隐藏自己的马脚，从而被对手从一些行为或线索中挖掘到泄露自己意图的信息。比如，手牌较弱时，他们有可能十分专注地盯着自己的手牌，想要弃牌、跟注、下注或加注的意图全都表露在外；手牌较强时，他们不过脑子地下注，或者在其他下注时间表现出较为明显的气馁。可见这类马脚并未关联着玩家的极端情绪，仅仅是玩家根本没有在"平衡自己"这件事上投放精力的后果。

缘于第二种原因的马脚的出现主要是由于玩家接收到游戏信息时的反应可能是焦虑，可能是放松，也有可能是兴奋。比如，玩家在诈唬的时候更倾向于低下他们的眼睛，这个动作很容易和心理学的撒谎行为联系起来。由于焦虑情绪的影响，有许多玩家会在诈唬之后表现得身体僵硬或安静下来。还有一些玩家会在拿到较强的手牌下注的时候制造更多的眼神接触，因为他们很放松，这种放松的心态使得他们表现出一种无法掩饰的自信。

马脚学不像 1+1 必然等于 2 这样有着标准答案，学习阅读马脚确实具有一定难度，除非你天生擅长读取他人的心理状态，否则学习阅读马脚就如同学习一门新语言。学会阅读马脚意味着你需要了解在玩家身体的哪个部位可以找到马脚，同时需要了解何时寻找这些迹象。这又涉及对人类姿势、表情和言语的深入理解，同时需要知道如何将这些行为信息与特定玩家联系起来。学会寻找马脚的过程就如同慢慢拼凑一幅复杂的拼图,需要不断积累经验和提升洞察力。

在思考对手马脚时,你应该将其视为对手行为的一部分。就像你判断对手下注规律的可信度一样,对于马脚的可信度,你需要慎重对待。如果你对对手的某个马脚的可信度存在疑惑,那么在做决策时就不要过分依赖这个马脚。

然而,如果你已经观察了一段时间,对对手的行为规律有了充分的把握,那么在做决策时以他的马脚为依据是非常合理的。将对手的马脚与其他观察到的行为相结合,可以帮助你获得更全面、更准确的判断,从而作出更有根据的决策。

切记,无论如何都不能过度迷恋阅读对手的马脚!只有在你有充分可靠的理由相信对手的马脚时,才应该考虑让它影响你的打法。在扑克游戏中,理智和可信度是决策的关键,应避免过度关注马脚而失去对局势的客观判断。

马脚绝对不应该是你做决策的唯一理由。在大部分时候,你应该采取GTO策略。如果你认为马脚学很重要,当然你是对的,但是如果你要把它放到一个至高无上的地位,那未免有些本末倒置了。简单来说,马脚学重要,但是也没那么重要,因为并不是所有的行动都会有马脚供你利用。在此之前,认认真真地学好GTO才是重中之重。如果你仅接受线上扑克游戏(你在一般情况下无法看到对手的任何表情和动作),这本书能够给你的帮助少之又少,除非你能灵活地把马脚学的知识扩展延伸到对手的行为而非限制在可以面对面看到的表情和动作上。

优秀的马脚观察能力通常能为玩家额外带来 20% 以上的胜率。不要小瞧这个数字，毕竟一位顶尖的玩家，参加高买入的比赛也仅仅能够达到 40% 的胜率。如果你遇到一位胜率能够稳定在 15%～20% 的玩家，肯定开口就会毫不犹豫地称对方为优秀玩家。

马脚学是科学还是玄学

Zachary Elwood 提出过一个在其他人看来较为极端的理论，他认为扑克玩家在牌桌上所做的一切都是有某种意义的，每个动作、每句话、每个小的痉挛都有某种含义。

在现代社会中，人和人之间的交往会遵循很多社会准则，所以随意的情境不多，很多时候情绪的表达都要受到约束和限制。在这样的情况下，表情就会比较隐晦，甚至出现"面是心非"的伪装表情，如同人人都戴着"社交面具"一样。不过，与面具不同的是，人的脸不可能保持完全静止不动。

在有情绪产生的前提下，任何一个细微动作，都受命于神经系统的指令，都具有特定的意义，或者用微表情专家们的说法，是具有分析价值的。即使面似沉水，眼睛的轻微移动也能表达出当事人的内心状态。玩家心理状态与外显马脚间联系之密切想必无须多言。

这并不是危言耸听，我相信许多玩家在理论上都可以区分出相似的牌。

示例

如果在一场德州扑克游戏中，翻牌前加注者可能手握27o或AA，此时假设我们拥有足够先进的科学仪器，可以提供关于此玩家身体各方面的详细数据，包括心率、肌张力、呼吸频率、瞳孔大小的变化，以及每一块皮肤的湿度，甚至他与在场玩家交流时的语音语调等，同时我们还能获取关于这位玩家自从拿到这手牌以来的所有其他信息，那么毫无疑问，从理论上识别出他手中的牌是27o还是AA几乎是易如反掌的。

当然，以上示例目前只存在于理论上，并不具有可实施性。因为无限的信息是不可能获得的，就算是在理论上，人类大脑的容量也不允许你观察和记住所有的信息。人类的观察力十分有限，但这足以说明：马脚学绝不是一门玄学！

那么马脚学是一门科学吗？

我认为也不是。一门学问可以被称为科学的最根本原因是它能够证伪，不能证伪的学问不是科学。你就算精通了马脚学，也不可能量化每位玩家的每个行为背后的意义，因为这种意义本身是不确定的。

例如，你经过大量的观察确信对手下注后盯着你是自信的表现，此时他一定有强牌，于是你弃掉了自己的两对并且认为这是个明智的弃牌。如你所料，他确实对自己的牌力很自信，最终收下了底池。

对于他，你读错了吗？

人本身就是十分复杂的生物，你读准了他对自己牌的自信，可是他有可能就是一个盲目自信的人，他的牌不见得比你大，他也许拿着不该自信的牌很自信。你读错了吗？没有，但是你输掉了！可见马脚学绝不是科学！在我看来它是一门有关经验的学问、观察的学问。你可以通过马脚缩小对手牌的范围，获取有效的信息，可是马脚学绝不能帮助你读准对手并做对每个决定，更不能证伪。

写这本书之前，我阅读了大量国内外马脚学、心理学资料，95%以上的资料都是通过经验罗列出马脚背后牌力的强弱，有些资料中同一个马脚代表的牌力强弱大相径庭。这些著作都是作者观察多年经验的累积，有一定的准确率，却不可能有极其严密的论证。因此我认为，马脚学是一门介于科学与玄学之间的学问！

如何看待马脚

如果你把这本书（电子阅读器也行）举在空中，然后松手，接下来会发生什么一点都不令人意外。因为你对即将发生的事心中已经有了个模型，这个模型让你在实验之前就可以作出预测。

这个模型至少有两个作用。首先，你可以知道应用于这种情况的一系列法则。你知道有重量的物体会落向地面，某些物体会径直下落，而有些会在半空中扭曲飘动。其次，更精准的信息可以帮你校正你的模型，并且选出合适的法则。这本书有多重？你举起它的高度距离地面是多少？房间里有风吗？地上铺了地毯吗？书下落时是什么角度？

如果你想应用模型预测即将发生的事，将法则和具体的信息结合起来是必要的。

阅读对手玩家的马脚同样如此。他身处什么样的情境会做何举动，也都有着大致的规则。我们假设大多数人可以视物，有欲望，有常识，有感觉，可以行动。然后，我们再将自己观察到的细节填补进去。从对手玩家的角度，我们可以猜测他拿到了什么牌，心里在做何思考。从他的一言一行、面部表情、语言语气和肢体动作，我们填补出他的欲望、情绪等，为他的精神世界建模。

然后，我们可用这个参数化的模型预测他的行为。当然，使用这个模型来预测他是否真的手握强牌或者试图诈唬并不一定百分之百准确。模型的价值在于能够在一定程度上控制方向，缩小我们盲目思考的范围。

我们对马脚的思考要尽可能地在科学与玄学之间偏向科学！

追求卓越

要成为阅读扑克马脚的大师，关键在于相信自己能够成功。信心是培养这一技能的基石，拥有坚定的信念将使你在学习和实践的过程中更加坚韧不拔。

相信自己的潜力和学习能力是克服困难、突破障碍的关键。在学习阅读扑克马脚的过程中，你可能会面临各种挑战和复杂情境，但只要坚信自己能够掌握这一技能，你就能更积极地迎接挑战。

如果你的朋友是一个数据派或认为马脚学是在耸人听闻,没有科学依据,并且完全不认可在游戏中通过马脚能够获取极多的信息,那么把这本书当作赠送给他的礼物显然不是最好的选择,我更建议你送他我的另一本书——《德州扑克 GTO 应用指南》。

著名马脚学大师 Zachary Elwood 就曾经说过,他认真玩德州扑克和研究德州扑克已经数年了,总是惊奇地发现,大部分的玩家有一个主要弱点:他们认为自己已经身经百战,积累了成为伟大玩家的必备知识,觉得自己什么都懂,从而拒绝接收能提升自己水平的新信息,致使自己的哪怕最简单的扑克决策,也仍然会被许多因素影响。

事实是,无论一个玩家有无经验,都更加倾向于忽视阅读马脚这一能力的重要性。这也不无道理,毕竟对于高级玩家来说,就算不阅读马脚,他们仍然是扑克游戏中的强者,他们更加信奉诸如 GTO、数据带来的稳定与安全感(尽管 GTO 在现实中也无法做到百分之百正确),而不是通过阅读马脚这种看上去不完全在自己掌控之内的软技巧来给自己增加微弱的胜率。

在扑克游戏中,许多玩家往往低估了他们通过言辞和身体语言所透露的信息的重要性。由于他们可能未能准确辨别这些信号,或者认为这些马脚不太重要,因此他们根本不会花心思去刻意消除或改变这些信号。

若你渴望成为卓越的扑克玩家,那么诚实地承认自己可能正处于学习的起步阶段是十分有益的。重要的是要坚信阅读马脚的技能对你的游戏水平的提升有着极大的益处，因为它能拓展你的思维，使你能够更全面地理解在实际游戏中涌现的各种信息，毕竟剔除欺骗的成分，信息对于德州扑克这种游戏来说自然多多益善。

第二章

分析马脚的系统

联系的重要性

在研究扑克马脚时,要了解的最重要的概念就是联系。联系的定义就是:在两件事中建立关系的行为。

在扑克中,"联系"指的是将玩家的马脚与特定情境相互匹配。一旦你能够找到马脚与具体情境的关系,当你在未来的游戏中再次观察到相同的马脚时,你就能够迅速地作出判断。这种能力让你可以更精准地读取对手玩家的信息,在类似情况下作出明智的决策。

当一个玩家在特定情况下的行为和牌力产生联系的次数越多,这种联系提供的信息对你而言价值就越高,推断出的结论也就越可信。

示例

你的对手在河牌圈第一次做纯诈唬的时候他的牌很弱,或许你会认为这是一次偶然行为,有可能是因为他拿到了一手弱牌,心血来潮想要尝试诈唬的滋味。但是当他第100次在同样的情况下做诈唬的时候,你就应该倾向于相信他手上的牌力较弱。他手持强牌在河牌圈作出价值下注的道理亦然。

无论在什么情况下,你都应该铭记一个原则:马脚是一种倾向。

你可以这么理解我的意思:马脚的出现代表着这位玩家更加倾向于采取什么样的行为,而不是代表他一定会做什么或不做什么。

当然,马脚绝不会每次行动都会出现且可信。尽管我的朋友们在每次痛失筹码的时候都会以一种痛定思痛的神态告诉我"啊呀!我都看见他那个马脚了,但是我还是坚持了自己的想法",我还是

第二章 分析马脚的系统

必须实事求是地告诉你，马脚学追求的并不是百分之百的准确度。

所以，你要做的是尽可能多地收集关于对手打法的信息。比如，他一直以来拿到大牌在翻牌前加注的次数占了百分之多少；又比如，他在诈唬后躲避你眼神的次数占百分之多少。如果你得到的数据非常低，那么说明他的牌力和行为并没有直接的联系。但是一旦这个数据变高，就说明这个行为已经成为他的习惯。你就可以利用这个马脚精准地对他进行打击，直到他发现自己露出了马脚并进行了刻意的平衡。

即使有时候基于基础策略，我们可以观察到的马脚可靠度并不是很高，但它也会成为一个有用的信息。

示例

当我们在翻牌前决定是否要加注时等待一会儿，就能有一定概率看到坐在后面位置的玩家因为不耐烦而丢掉手牌或离开座位。大部分时候这种离开座位或丢掉手牌不会直接发生，但也有某种倾向，诸如看牌后作出即将弃牌的动作，四处张望看着卫生间的方向，这些倾向的出现会大大提高他弃牌的概率。观察这些倾向我们就有机会把自己开池的起手牌范围放宽一些来获取优势，尽管这种优势并不能让我们获得多么大的期望值，但也使我们实实在在地获得了优势。

随着技术的发展，计算机的算力越来越强，算法也越来越精细，GTO 开始越来越多地倾向于"怎么着都行"，我们把这种情况称为"不偏不倚"，这在我的《德州扑克 GTO 应用指南》一书中有详细的介绍。我在给付费会员上课的时候，开始越来越多地介绍一个牌面具有两种或多种打法的情况，所以与GTO这种依据大量数据的策略相比，马脚学会在德州扑克游戏中越来越有价值。

只不过无论如何我通常并不会在这种事情上纠结，如果在边缘情况下不能从一个行为中识别出更有价值的马脚，最好的解决方法就是换一个打法，或者更加简单粗暴——换个对手。

行文至此，我所针对的都是大部分玩家的常见马脚，是所有我接触到和观察过的大部分扑克玩家的行为倾向，但是我也遇到过一些人，他们展示出的行为倾向相当"别具一格"。

比如，我见过一个专业玩家在重要赛事上，在手持弱牌的情况下对我进行诈唬之后不仅看不出一丝一毫的紧张，反而表现得相当兴奋。大部分的专业玩家都会有意识地消除自己的大部分常见马脚，但是难免会有一些人有特殊的举动。例如，有一次一个玩家不管拿到什么牌都得跟我切磋一下，虽然事后已经搞清楚他是我的粉丝，主要是见到我太激动了。殊不知这一行为直接导致我无缘冠军，梦碎崇礼。后来我一个人在张家口的大雪中大哭了一天一夜才缓过来，带着对马脚学的新理解"赤条条"地踏上回京之路。

不过可以肯定的是，大部分玩家仍不可能在刻意练习之后消除自己的全部马脚。

所以，你在研究常见的马脚时，应该时刻把联系的重要性铭记在心。除非你已经非常熟悉对手玩家过去的行为和他牌力的联系，否则千万不要草率地按照任何一条马脚规则去对他的行为作出反应。

例如，几乎所有的马脚学书都会告诉你这样一条规律：在下注时手抖是有强牌的倾向。我看到过的所有资料都是这样写的，但是根据我多年的经验，这一条并不准确。我在实战中遇到过多次对手手抖，经过我的观察，对手牌力是大是小也就是五五开，并不像那些资料说的手抖都是有大牌。我认为原因可能有以下三点：

（1）社会在发展，时代在进步，现在的玩家更多地在牌桌上持娱乐的心态，拿到大牌也不会那么紧张，而多年前游戏的经验和资金的缺乏会让玩家因紧张而手抖。

（2）随着社会的发展，人们的精神压力越来越大，神经性疾病、颈椎病患者越来越多，这类疾病会导致患者手抖。

（3）大部分牌局并不是一上来就那么令人血脉偾张，大部分游戏在前期不会让人那么紧张而引起手抖。

因此很多书籍和经验未必正确。我特别建议：

不要单独根据一个马脚作出重大决策！

如果你对自己阅读对手玩家的能力有百分之百的信心，那么这条建议你可以忽略。否则我不介意告诉你在哪个角落流泪才能看上去没有那么狼狈。

马脚的分类

大部分有关扑克马脚的书籍对马脚的论述都没有一个系统的框架，只是罗列一些长长的列表或目录，看上去杂乱无章。把扑克马脚进行分类看上去似乎很简单，却可以十分有效地让你在后续阅读与学习中时刻保持逻辑清晰。

在详细阐述如何识别马脚之前，有一个不得不强调的重要事实，那就是马脚无法独立存在。你不可以说因为你的对手玩家没有直视你就足以证明他心虚，在对你进行诈唬。但是如果你说，现在是一场××牌局，在×××情况下，他之前都会直视我，但是此时我注意到他没有直视我。基于此马脚，我认定他在对我进行诈唬（当然，所补充的要素与细节越多，此马脚存在和准确的可能性就越高）。这样对马脚的判断很明显是具有价值的。

按场景进行分类

作出判断必须依据特定的场景。我在其他有关扑克马脚的书籍中见过的最大错误，就是没有强调场景的重要性。没有一本书能够直截了当地告诉你某个马脚代表某个意思。如果有，我建议你要么不去阅读，要么带着一种批判的精神去阅读，取其精华，去其糟粕。

根据玩家在一手牌中露出马脚的场景（时间），可以把马脚分为以下三个类别：

- 等待行动时的马脚。
- 下注后的马脚。
- 行动期间的马脚。

等待行动时的马脚指的是玩家在等待对手行动时露出的马脚。等待行动时的马脚会透露出玩家想让人下注还是不想让人下注。

下注后的马脚指的是玩家在下注后露出的马脚。下注后的马脚会透露出玩家是希望有人跟注还是不希望有人跟注。

行动期间的马脚指的是玩家在轮到他行动时露出的马脚。这些马脚包括他下注或过牌所花费的时间，以及下注时他的身体动作。

在对不同的情境进行仔细区分之后，我们能够便捷地将马脚与特定的情境联系起来,并且持续地补充该情境下的细节,从而构建一个较为完善的基础模型。

我们对马脚进行深入剖析的过程类似于为这个模型建立一些通用法则,更为严谨地说是在大多数情况下不出错的通用法则。这样一来,我们就能够像确信抛出的书本一定会落向地面一样,轻松地推断出玩家表情与行为所代表的内在含义,从而迅速发现马脚的存在。这种建立通用法则的过程为我们提供了一个严密和准确的分析框架,使我们能够精细地观察和理解扑克桌上微妙的变化。

如果一定要把书中最重要的部分提取出来,那么我认为此处的分类是当仁不让的。马脚学如此庞大的理论被划分成简明的步骤,把复杂的问题简单化,是本书理论部分的核心与重点。下面我们就通过一些牌局的例子来详细解释这些分类。

等待行动时的马脚

假设你在跟一个玩家玩德州扑克单挑游戏,轮到你行动。对手可能会在等待你行动时露出马脚。这时要么你先行动,要么对手先行动,但他已经对你过牌了。

等待行动时的马脚主要有以下几个:

(1)对手在轮到你行动时盯着你看。

(2)对手在轮到你行动时避免看你。

(3)对手拿着筹码,好像你一下注他就会跟注。

…………

其中,第三个马脚是我在参加线下德州扑克赛的时候最常见的一个马脚,没有之一,而且准确性在我看来几乎接近100%,并且常见于 40～60 岁的江湖派大哥。他们常常手持筹码一脸不屑地盯着我，每个身体语言似乎都在告诉我："一旦你下注我就跟。"大家可以思考一下这种情况，他们是希望我下注还是不希望我下注？

下注后的马脚

假设对手下注了，他可能会露出下注后的马脚。下注后的马脚主要有以下几个：

（1）对手下注后略微笑了笑。

（2）对手下注后避免与你眼神接触。

…………

行动期间的马脚

假设你已经过牌，对手可能会在轮到他行动时露出行动期间的马脚，他可能会过牌、下注或加注。这类马脚可能是下注后的马脚（他花多长时间下注或过牌），也可能是他下注这个动作露出的身体马脚。行动期间的马脚主要有以下几个：

（1）对手思考很久才下注。

（2）对手用很自信的声音说"我下注"。

（3）对手用力往底池扔筹码。

…………

按牌力进行分类

在按照场景分类之后，我们还要根据牌力的强弱进行分类。强弱只是一个简单的概括，当然不是指我们的对手手持着明显的强牌或弱牌，而是一种倾向。

马脚固然可靠，但是它只能给我们一个对手玩家的倾向，告诉我们对手玩家手持这手牌时的感受和意图,并不能确切告诉我们他手中的牌力的强弱。我们必须依据场景和玩家类型,推断马脚的真实含义。

示例

一个玩家在翻牌圈击中了十分有利的听牌(假设是高牌和同花听牌),他就有极大的概率展露出他手持好牌的马脚,如他会在翻牌圈下注的时候表现得信心满满。

一个玩家在翻牌前加注,当你看到翻牌发出一张 10 和另外两张方片时,你最好注意看看他接下来的行动是不是自信满满地下注,毕竟他的手中很有可能拿着类似 A♦ 和 K♦ 这样的牌。

这两个示例描述的都是翻牌圈的情况,因为只有翻牌圈才有可能使得听牌的优势大于成手牌。也就是说那个有可能拿着 A♦ 和 K♦ 在翻牌圈击中同花的玩家,会首先倾向于露出强牌的马脚。可是一旦他没能成功地在转牌击中听牌,他后续再击中的概率几乎被砍掉了一半。注意!此时玩家便很有可能展露出弱牌的马脚,因为在转牌阶段,他赢的机会已经被大大减少了。如果他在河牌圈依旧没有完成他的手牌(make his hand,即击中任何组合),那么他就没什么转机了。他应该也很清楚翻牌圈是他最佳的诈唬时机。一旦他这样思考,想要试图借势迷惑对手,假装自己有强牌,他也就距离更进一步露出自己手持弱牌的马脚不远了。

进入翻牌圈,牌力通常都还没有确定,因为转牌与河牌的发出使得听牌的可能性仍然存在,并且翻牌圈由于筹码的投入量较小,此时的情绪波动较小，还不足以引出有价值的马脚。当然翻牌前也是如此，在这两个阶段中，很明显通过阅读马脚能够带来的收益是远远不如转牌圈与河牌圈的。

在河牌圈露出的弱牌马脚在一般情况下更具有代表性，毕竟能够听牌与否此时已经是板上钉钉了。不管对手愿不愿意，他的心里都已经对接下来是否行动、如何行动有一个基本确定的答案了。

这就是我主要根据情绪上的马脚在河牌圈作出大的策略调整，以及偶尔在翻牌前看看马脚并考虑是否调整策略的原因。

根据牌力，把马脚按照"强"和"弱"的方式进行分类是一种非常有必要的简化，因为这样可以让你在面对大部分玩家的时候套取到非常有价值的信息。比如，当你得到了某个人的马脚并且你认为这个马脚非常可靠的时候，"强"和"弱"的分类就能够非常快速地回答你的问题："他希望我跟注还是弃牌？"当你能够通过这种方式确定对方心中所想，那么剥削他就是易如反掌的事情。

马脚分类的重要性

按照场景分类或许仍然算不上完美，甚至经常会出现一些重叠，但是这是一个应有的系统性框架，它能帮助你组织关于马脚的想法和观察。

我们目前所能够找到的马脚学的书籍和资料大多数都没有对场景进行分类，把一般水平的学习者绕得云里雾里。扑克桌上的浩瀚信息，加上纷繁的马脚细节，如果没有一个清晰的框架会使人陷入无穷的困扰,毕竟有些含义完全相反的马脚从表面来看并没有很大不同。

例如,一个玩家盯着你或看向你(马脚)。

同一个行为,如果放在等待行动时,玩家在轮到你行动时盯着你,通常是玩家拥有较弱手牌的表现;如果放在下注后,玩家盯着你,则通常是拥有强牌的表现。

如果你不进行区分,你的思考通常会这样进行:"上一手时,我下注之前他看我,结果他的牌很弱。那么现在他全下了,还用同样的方式盯着我,肯定还是牌很弱啊!"然后你跟注,结果不用想,你一定会输得很惨。

所以,不要急着贬低马脚学的价值。学习本来就不是一帆风顺的过程,尤其你的对手可不是个三岁的娃娃。"马脚学无用"的误解通常会困扰初次涉足马脚学领域的新手。你需要按部就班地学习:首先确立正确的思维框架,将杂乱的信息整理成一棵庞大的信息树;然后站在树下,感受信息树中涌动的暗流,顺着树干进行连贯的观察。

有意识和无意识行为

世界上第一所永久性扑克学校——迈克·卡罗大学扑克、游戏和生活策略学院的创始人 Mike Caro(迈克·卡罗)写过一本关于马脚的经典之作,他把马脚分为两大类:表演的马脚与非表演的马脚。如果用一句话来概括,那就是:表演出自己很弱或很强的玩家,

他的牌力通常是相反的。

　　这个观察从根本上来说是正确的，但我认为这对于绝大多数玩家并不适用。虽然我们不排除许多玩家有表演的成分存在，但是大多数中高级别的玩家并非演员，他们常见的马脚更多来自他们无意中流露的焦虑或者放松的情绪，而不是刻意的表演。毕竟，他们不太可能过于愚钝，用如此简单的方式来掩饰自己的真实想法。

　　关于马脚是否为"表演"的核心问题在于，诸多马脚并不符合上述两种分类中的任何一种。举例来说，许多持有优势牌的玩家在轮到对手行动时，往往避免观察对手及其行动（详述见后文）。他们为何如此行事？如果玩家经验不足，可能会主动误导你，让你认为他们对行动毫不关心。他们可能采取夸张的行为，或者试图表现出无聊的样子，甚至可能盯着毫不相关的任何地方。然而，在某些情况下，这一行为也可见于实力较强的玩家，这并非他们在刻意表演，这种内敛的性格是他们的本能反应。

　　因此，我倾向于将马脚视为一种融合了"表演"与"非表演"要素的行为。尽管并无显著的分界线，但我们仍可从科学角度探讨这两种成分在各个马脚中所占的比例。

　　不管是身处朋友聚会还是在锦标赛赛场上，玩家大多数时候都是轻松而休闲的，因为大部分时候并不是生死攸关的时刻。通常，一个玩家自坐上德州扑克桌至尽兴离开的时间是非常长的，一场锦标赛赛期每天通常会打 6～8 小时，这样表演所耗费的精力应该远远比一场比赛要多。如果你运气"较好"的话，有可能这个时间会长达 12 小时，并且连续几天持续这种状态。如果按照这个时长来看的话，玩家还是放松状态所占的时间比较多。

人类的行为并非机械的，而更多是有意识和无意识之间界限模糊的产物。因此，通过判断玩家是否在"表演"来捕捉马脚是不切实际的，尤其是通常只有初学级别的玩家才会有意识地过分表演和动作夸张。一旦他稍微有点经验，我们就只能从他很微小的细节中寻找微小的马脚。

相较于把马脚分为表演和非表演性，我更喜欢把马脚分为有意识的和无意识的行为。有意识的行为更多掺杂表演成分，这样的马脚准确性较低，我们需要分析他为何如此表演。无意识的行为是玩家露出马脚时并没有意识到他作出了此种行为，因此这样的马脚准确性较高，我们更能判断出他的真实意图。

总之，无意识的马脚由于其非表演性，对其的判断在玄学与科学之间，更偏向科学。反之，有意识的马脚由于其表演性，更偏向玄学。

我会在之后的讲解中分析马脚的准确性与实用性。

马脚的影响因素

许多因素会影响马脚的呈现方式及它们的重要性。下面是一些主要影响因素。

底池大小

通常来说，底池越大，玩家所暴露的情绪线索越多。这意味着在底池较小时，不宜过多关注对手的行为。尽管仍有可能捕捉到一些线索，但只有当对手处于较高压力下，对其行为进行研究，才能获取更具价值的信息。

玩家技术

中等水平的玩家的马脚通常最容易被识别和利用。

顶尖玩家固然也有可能存在破绽，然而辨识起来颇具难度。他们还有能力操控他人对其的判断，制造虚假破绽（尽管这种情况较为罕见）。因此，最佳策略是将注意力集中在水平较低的对手身上。（值得注意的是，若对手仅为初学者且勉强能玩德州扑克，那么读他的牌将变得很困难。因为初学者无法准确评估自身手牌的实力，他所表现出来的行为并不能提供太多有用的信息。仅当对手达到一定水平后，对他进行读牌才相对可靠。）

情绪

玩家情绪的改变会改变他的天然倾向。例如，一位通常保持稳定下注行为的玩家可能出现情绪失控的情况，在某些场合下，他会异常用力地将筹码投入底池。或者，他可能对对手产生强烈的不满。在这种情况下，部分玩家会变得较为容易解读，而另一些玩家则可能变得极为难以预测且难以把握。

下注圈

如前所述，在特定情境下，玩家牌力越明确（如在河牌圈大幅下注或在翻牌前全下），我们就越有可能捕捉到可靠的马脚。在翻牌圈和转牌圈，若玩家拥有更多听牌的可能性，如强听牌或弱成牌，便会致使他们对自己牌力的判断产生偏差，从而使我们难以获取可靠的读牌信息。

玩家疲惫程度

在牌桌上有句老话："先赢不是赢。"

一般来说，牌局与比赛越到后期，玩家越疲惫，这时他所露出的马脚准确性越高。而往往大部分玩家因为自己也疲惫会忽略这种倾向。我有个小技巧，在参加比赛的时候尽量选择较晚的时候报名，这样能让自己在关键决策上保持体力来获取更多对手在疲惫时露出的马脚。这个技巧让我在之前的扑克生涯中获利颇丰。

扑克心理学

在开始阅读扑克马脚前，我需要首先告诉你阅读扑克马脚的关键词——恐惧。

扑克桌上大部分不舒服都可以理解为恐惧（不放松）。大部分扑克马脚都来源于恐惧，所以你需要更加敏锐地去捕捉牌桌上的恐惧，不论是堕落赌徒用所有的钱诈唬时产生的纯粹的惊慌失措，还是不错的玩家在没击中牌的翻牌圈持续下注时的小小不适，这些感受都是马脚的基础来源。如果你具有感知对手在特定情境下的焦虑和放松程度的天赋，那么阅读马脚对你而言就是一件极其容易的事情。当然如果你没有这方面的天赋也没关系，这本书就是要告诉你如何用一种科学的方法按照步骤来学习阅读马脚，我相信学习起来也并不费劲。

如果在日常生活中，你恐惧的时候可能会露出狰狞的面孔，可能会流泪,可能会尖叫,那么扑克桌上的恐惧是什么样子的呢?

在不同的场景下,恐惧表现出来的形式是千差万别的。

当你在准备下注期间,你要寻找线索去判断对手是否害怕你向底池里投入筹码;当对手下注后,你要判断他是否害怕被你跟注……如果你能感知到对手的恐惧,并且确定他对你的行动的害怕程度,"对手希望我如何行动?"这个问题的答案自然也就出现在你眼前了。

下面我将按照上一节中按场景分类的方法对恐惧的马脚进行分析。

恐惧

下注后的恐惧

对于任何一个扑克玩家来说,最能够引发恐惧的就是做纯诈唬的时候了。

诈唬者的恐惧来源于害怕被他人发现自己正在众目睽睽之下撒谎,这种焦虑程度一点也不亚于罪犯接受警察的审问。

如果诈唬成功,你虽然可以获得可观的收益,但是一旦被后面的玩家跟注,或者被发现些许诈唬的端倪,那么赢的概率就几乎为零,整个底池都不会属于你,甚至你刚投入的筹码也都将成为对手压制你的工具。你必须在心理上承受巨大压力的同时,在对手的审视下不露声色,不展现出一丝脆弱。

诈唬者的恐惧和玩家不想让对手下注时的恐惧略有不同,我会在后文中详细进行对比。

等待行动时的恐惧

持弱牌的玩家在等待对手行动时，更可能感受到一种不同形式的恐惧。该玩家谋求赢得底池，然而，若对手选择下注，他的胜率可能受到影响。因此，在面对对手的潜在威胁时，他更倾向于希望对手不予下注。等待行动时的玩家的意图要么是趁机揭露底牌，要么是试图诈唬。无论如何，对手的下注均对他构成不利。

该玩家的压力不像诈唬者那样大。他所承受的压力，与犯罪感有所区别，更接近于自我保护和警觉的心态。当手中牌面不占优势时，他选择保持沉默，这不能被称为撒谎，因为还没轮到他行动，他无须面对他人审视的压力。他仅仅是感受到了来自对手的威胁，希望对手能够保持冷静，不要下注过大。

在进行下注之后，玩家会觉得内心忐忑不安，与罪犯在面临警方审讯时的情绪颇为相似。而等待时期的心情犹如在漆黑的夜晚漫步在小巷中，无法预知何时会遭遇潜在的危险。正因如此，我在这里主要介绍下注后的马脚与等待行动时的马脚（行动期间的马脚是第三种，不过前两种更重要一些）。在牌局中，手持弱牌的玩家在刚刚完成下注及等待行动时的表现存在显著差异。在阅读本书之后，请注意这个关键点，以便在观察马脚时能够加以运用。

情绪和状态

在介绍具体的马脚之前，首先需要概述一下人类行为中焦虑与放松的一般表现。若你对人类行为具有较深入的了解，那么接下来的许多内容或许在你看来仅属常识。然而，回顾这些内容依然有益，尤其对于尚未在扑克牌桌上运用这些知识的读者。

这些描述揭示了一般性的倾向，对于诚实对待游戏的人来说，其真实性较高。由于在扑克游戏中实施欺诈行为能够带来好处，因此许多玩家往往采取各种手段来改变这些天性的表现。然而，尽管如此，以下的描述仍然能够准确反映玩家的情绪和状态，进而据此推断其牌力。

放松和僵硬

焦虑的人身体比自然放松状态下略微僵硬，焦虑带来的警惕心理会使得他的肌肉绷得很紧，难以移动。

兔子在受到惊吓的一瞬间会先呆住片刻，然后才会四处乱窜逃命；一只麋鹿走在公路上看到明晃晃的车灯时，也是首先站定。动物受到惊吓时的本能反应就是定住，或许是想要把自己伪造成一块不可食用的石头，让捕猎者不要在意自己的存在。人类也是一样的，这种生物面对危险时的本能反应几乎都是相通的。

放松的人无论肌肉还是关节都比较松弛，他可以轻松地移动手臂甩出一条优雅流畅的弧线，可以柔和地摆动脑袋，而紧张的玩家则更像僵硬的机器人。精神的放松会直接体现在肢体活动上。在你每逢重要考试之前，你的父母和老师总会语重心长地告诉你千万不要紧张，这或许不是为了让你超常发挥，只是希望你不要因为紧张而使自己的手指变得僵硬。当然，该紧张的人还是会紧张。

安静和说话

就像受惊的动物为了躲避即将到来的危险，通常会选择噤声一样，人在焦虑的时候也会更多地保持安静。

从生理上来说，人类在受到较大的压力的时候，咽部会略微充血，喉咙附近的肌肉会不受控制地收缩，难以自如地发出声音，同时喉咙也会突然不舒服。

焦虑的人和放松的人在说话方式上有着很大的不同。焦虑的人可能会突然话多，试图把他人更多的注意力转移到他的话语上，从而让他人忽略他的紧张。他努力让自己看起来轻松，但是通常话语间思路并不清晰流畅，甚至有时会突然停止说话。他的话锋有时会转得很快，因为他不想说出一些可能冒犯对手或者引起对手怀疑的话。

放松的人则更加坦然自若，他的语气中充满了轻松，他并不担心自己的话语间会出现什么信息被对手怀疑，他甚至还会半推半就地说一些略带敌意、有轻微刺激对手作用的话。

眼睛睁大

人们在紧张的时候，会倾向于把眼睛睁得很大。这样做是为了使自己的瞳孔获取更多的光线，以便在紧张的情况下，保持视觉的清晰。这种生理反应是人类长期进化而形成的，它可以让我们的身体迅速作出反应。在原始社会，更多的光线意味着对环境能够更加了解，在逃跑或面对危险时也就能够拥有更多的信息。

人们在放松的时候则更愿意合上眼睑。你可以观察一下正在享受美食的小女生或在秋日暖阳下沐浴阳光的老人。

眼神接触

等待行动时的恐惧来源于畏惧威胁，下注后的恐惧来源于害怕暴露，这是两个阶段两种恐惧最大的区别，而眼神接触正体现了这两种恐惧的重要马脚。

恐惧状态下的马脚在不同时期的眼神接触上主要有以下表现。

等待行动时的眼神接触

一个人畏惧另一个人的时候（如拿着弱牌的玩家担心对手会下注），他会放更多的注意力在对手的身上，观察着对手的一言一行。焦虑的人会把几乎全部的注意力放在有可能的威胁上，因为这样才能尽快明确危险是否会降临到自己身上。

例如，你看到大马路上有个人提了一把菜刀（他可能去实施暴力，也可能准备回家做饭），你就会把眼神持续地放在这个可能对你造成威胁的人身上，以防止你被突然攻击，受到伤害。同时，这样做还能够用你的眼神警告他："你的一举一动我都看到了，别试图来攻击我。"

放松的人则不会那么敏感地去感知威胁（如有强牌的玩家在等待对手行动时），他觉得没有必要去盯着别人看。他的眼神更多地表现出不关心和无所谓，毕竟他的牌力已经在这场对沆中占了上风，他有什么道理盯着自己的对手呢？吓跑了对手对他来说可没有任何好处。

下注后的眼神接触

害怕暴露自己的人（如诈唬者）跟放松的人相比，也不太倾向于做眼神接触，因为眼神接触会让他觉得不舒服。他的诈唬行为在内心深处被判定为一种欺骗，欺骗最恐惧被发现和揭露，更不要提伴随而来的货真价实的筹码损失。对那些有概率能够研究出他的企图的玩家，他唯恐避之不及。

放松的人（如有强牌的玩家）更有能力用放松和自然的目光环顾周围的人。他无须顾虑身边人的看法，无须顾虑他看向的那个人，也毫不在意是否会与观察自己的人做眼神接触，因为无论如何，他手中持有强牌的事实都不会改变，自己不会因为观察别人或者被别人观察而失去自己的优势。

许多马脚都是由压力激发出来的，我会在后续的内容里详细解释。

有经验的玩家通常已经练就了克服情绪异常波动的能力，他们已经养成了许多不让自己过多露出马脚的习惯。所以请时刻记住：如果你在对战中遇到了一个顶尖玩家，你却总是能够发现他暴露出的情绪马脚，不要过多相信这些马脚，或许这些正是为你而准备的。

研究马脚的有效方法

观察一个人拥有强牌和放松时的状态是研究一个人倾向的最快速有效的方法。如果你纠结于到底什么是马脚，某个马脚又表示什么信息，那么你应该先去研究对手放松时的表现。

如果能够了解对手放松时的状态，你就可以更有效地与他之后的异常行为进行对比。如果你不知道他什么时候是焦虑的，什么时候是恐惧的，那么最理想的解决办法就是你先看看他在手持强牌的时候，他的身体语言是怎样的。你可以着重地观察一下：他的话多吗？他的肢体是放松状态的吗？他丢筹码进底池的时候动作幅度大吗？他的策略是比较激进的吗？

记住他在放松状态下（或手持强牌时）的倾向，等他做重要决策或对你来说有利可图的时候，对比他是否表现出不同之处。这对你识别他的马脚十分有帮助。

第三章

等待行动时的马脚

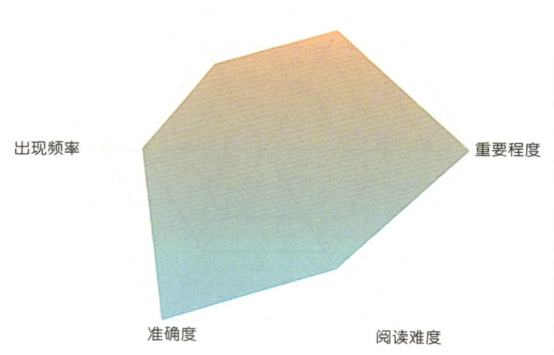

等待行动时的马脚

弱

这个部分描述的是玩家持弱牌时的马脚。我把等待行动时的马脚再分类,通过对马脚强弱的区分,判断对手玩家内心是希望我们下注还是不希望我们下注。

马脚属性可视化雷达图

- 实操难度
- 表演成分
- 重要程度
- 阅读难度
- 准确度
- 出现频率

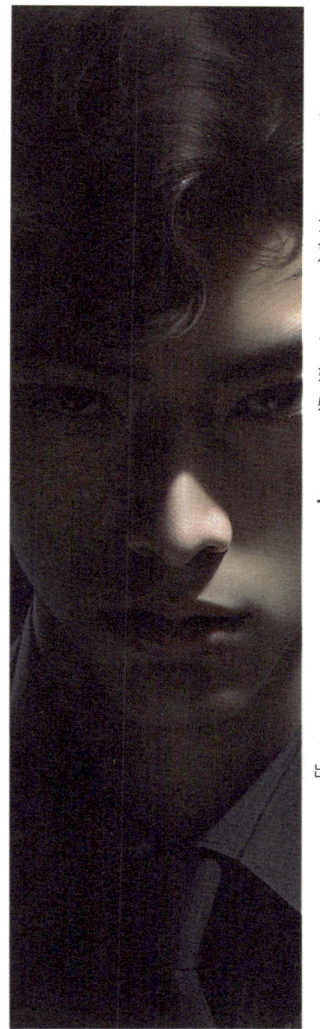

第三章 等待行动时的马脚

等待行动时的马脚（弱）

看向你

当轮到你行动时，对手在持有弱牌时更喜欢看向你。

"看向你"就是一种典型的恐惧行为，动作很轻微，但是很真实。盯着有可能威胁自己的事物是人类作为一种动物的本能。

马脚属性可视化雷达图

实操难度　　　表演成分

出现频率　　　　　　　　重要程度

准确度　　　阅读难度

单挑时

"看向你"这个动作表示一种警惕。在姜振宇老师的《微表情》一书中就有对此的描述。书中把人的潜意识心理进行了分类,"看向你"就是一种典型的恐惧行为,动作很轻微,但是很真实。盯着有可能威胁自己的事物是人类作为一种动物的本能,因为我们盯着威胁物的一举一动,一是避免情况继续恶化,给自己造成不利影响或伤害自己的生命;二是威慑对方,告诉对方"我可是在死死盯着你呢!"。这是一种潜意识的表现,所以当玩家手持弱牌时看向你,可以将其看作一种处于恐惧时的防卫状态。

注意,这里着重需要强调的是这是发生在玩家无意识的情况下。如果你的观察足够细致,你可能还会发现玩家的姿势或者语调也都略带防御性,他想试图通过这个行为来传达给你不希望你下注的信号。

这类玩家通常有这样的规律:当他手持弱牌等待你行动时,他更喜欢看你,甚至有可能盯着你;而当他拿到强牌时,他更倾向于不看你，比如他会假装若无其事地低头看向桌子，或者房间对面，很少看你，甚至可能压根不看你。因为对他来说此时的眼神接触可能泄露他的手牌强度信息，所以他选择避免与你眼神接触，以保护自己。

当然，如果在底池很大的情况下对手玩家还能作出这样的行为，你就无法笃定了，这时候或许你应该考虑一下这种行为是不是有表演的成分。

案例

有一次我在崇礼参加比赛，大盲位置的玩家过牌到我，我正处于决定下注还是不下注的阶段，这时对手玩家笑眯眯地对我说："教练，别打啦，友谊第一比赛第二嘛。"请大家思考：这个马脚总的来讲是他手持强牌还是弱牌的表现？

答案是"弱牌"。

这个案例说明的就是上述道理，我们来分析一下他的行为背后的逻辑。首先，他是放松的，在这种情况下，如果我的下注会使得他直接被淘汰，他若是还能说出这句俏皮话，那么他的心理素质未免也太强大了！其次，这个底池很小，对他来说并不重要，而且加上他确实认识我，他对我说"教练，别打啦"，是一种无意识的行为，本质上暴露出一个信息：他真的不希望我下注。如果他的手牌很强，他一定是希望我下注来为他提供价值的，那么他更大的概率会保持安静，不说话，不刺激我，让我为他的晋级之路贡献出自己的一份筹码。

当我识别出这是一个弱马脚后,我选择了下注,他也很快跟注了。最后到了摊牌阶段,果不其然,他有一个相对较弱的低对。

按照我个人的经验,这种情况出现时,所谓弱马脚也并不一定完全代表对手牌弱,更多的是指对手的牌相对来说没有那么强。我遇见的多数情况都是对手手持低对、中对、A高牌,或者其他不自信能赢的牌。

我认为我们想要研究对手(无论该对手能力是大还是小),观察其手持弱牌时的马脚比手持强牌时的马脚更有用,因为手持强牌的玩家本就可以依靠强牌来取得胜利,没有必要在这种情况下还硬要去寻找对手当下打法的弱点或判断对手是否在诈唬,他会花更多精力通过研究对手来给自己的打法补充正确性。反观手持弱牌的玩家,则较为天真,虽然不知道自己在寻找什么,但是总会作出一副认真研究对手的样子。

一个玩家在轮到你行动时看向你,有可能综合了以上一个因素或许多个因素。

多人底池时

在上图中，我们按照 1 ～ 3 号分别从左到右给这三个玩家命名。假设你是右边的 3 号玩家，1 号玩家正在考虑是否下注，你正处在即将下注的思考阶段，2 号玩家转脸看向了你。这种马脚通常表示 2 号玩家有什么牌呢？

我们假设一种情况：在一张无限注德州扑克桌上，大部分玩家都打得比较差，你在按钮位置拿到手牌 A5s，在你之前已经有三个人溜入底池，一个人加注。你很清楚加注的这个玩家是一个松凶型玩家，他总是喜欢在翻牌前加注。

好了，是时候拿你的手牌耍点花样给这个无聊的场面增添些乐趣了！可是你还没有充足的信息，所以当你行动的时候，你可以故意停留两三秒看一看你的下一位玩家正在干什么。

如果他看向你，甚至手握底牌表现出一副马上就要推出去弃牌的样子，那么你大概率可以放心加注，因为在这种情况下他持有弱牌的概率极高。

这也是一个无意识的马脚，他翻牌前就看着你，等待你下注。无论这是否是多人底池，总的来讲他想表达的意思无非就是：你打吧，你打完我好弃掉，反正我也没牌。

不过，如果在你停留观察的两秒间你发现加注的玩家没有看你，避免和你有眼神的接触，那你可要小心了。这是他不想向你施加压力的表现，有可能正在引诱你掉入他的陷阱呢。按照我的经验，还是早早弃牌避免损失比较好。

注意，我在这里又要重申一次联系的重要性。如果你的对手玩家是沉着冷静、从不轻易显露马脚的人，那么我所说到的无论是这个马脚还是其他马脚的准确性都会大大降低；如果你的对手玩家就是喜欢一直看着你，那就不要再这么独断地分析了，指不定他想等结束了之后找你约个饭呢。所以请一定要牢记：只有当你能把玩家过去的行为和他现在表现出的马脚联系在一起时，你的研究和结论才有意义。

　　这个马脚对大部分玩家来说准确性较高，不过也有些例外。有一些玩家似乎有些偏离我们对这个马脚的考虑范畴：他总是尽量看向你，无论他的牌是大是小。当你遇到这种极端情况时，以上内容可能给你提供的价值便十分有限了，不过你仍然可以通过眼神的放松程度来推测一下对手牌力的强弱。

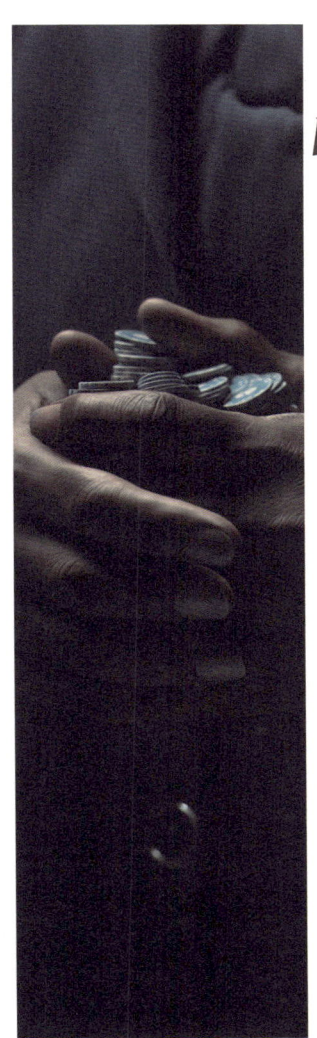

第三章 等待行动时的马脚

等待行动时的马脚（弱）
以防御的姿势抓筹码

手持弱牌的玩家更倾向于用一种防御的姿势抓筹码。

在恐惧状态下，面对对方势力的压迫，人们通常会表现出向后撤退的自我保护性动作。

马脚属性可视化雷达图

- 实操难度
- 表演成分
- 重要程度
- 阅读难度
- 准确度
- 出现频率

这个马脚几乎可以说是在我的扑克游戏生涯中，我认为准确率几乎近100%的马脚，也是我在实战中用得最多的马脚之一。

这个马脚的典型动作一般是眼睛微微眯起，眼神非常坚定，肩部重心后移，呈现出防御的姿态。如果你读过微表情或微反应之类的书籍或资料，你应该很轻松就辨别出来。在恐惧状态下，面对对方势力的压迫，人们通常会表现出向后撤退的自我保护性动作。

在上图中，左边的玩家正在思考是否下注，右边的玩家手持筹码好像宣布他准备跟注，但是身体却向反方向倾斜，眼部肌肉紧张，保持着警惕和防御状态。他努力让自己在屁股不离开凳子的前提下尽可能远离刺激源，逃避风险。

虽然按照这个倾向来看，他有可能跟注，有可能不跟注，但是他再加注的可能性在我看来就是零。

我之所以如此笃定，是因为我在线下的比赛中看到过太多次这样的马脚。在德州扑克比赛桌上马脚如此之多的情况下，这个马脚的出现概率甚至超过 20%，而我见过的露出这个马脚的牌手最终全都没有坚果牌。

我不知道大家有没有遇到过这种情况：你还没有准备下注呢，你的后一位玩家已经迫不及待地握住筹码了，恨不得你刚举起筹码他就要立刻把手中的筹码也一并扔出去。可是当我倔强地下注后，他却没有拿出大牌来制裁我。

如果你仍然不能理解我所说的，我们来看一个例子。

示例

你正在参加德州扑克游戏前期赛。在河牌圈，你与一个中等水平的玩家对决。你的底牌为 Q♦8♦，公共牌为 Q♠10♥7♣6♦2♦。在翻牌圈和转牌圈，你均已下注。根据当前的牌局，你认为此时双方胜负概率相当。

你斟酌着是否进行价值下注，同时手里玩弄着筹码。此时，你注意到对手拿起筹码，呈现出准备跟进投注的姿态。这是一个至关重要的线索。你深知，如同许多玩家一样，只有在牌力较弱时，对手才会展示出这种跟进意图。于是你下注，对手手持 K10 跟注，没错，正是你期望的牌面。

换个想法来思考就更容易理解了：一个玩家手持强牌，他有什么必要泄露自己的手牌信息？他为什么要释放给你"一旦你下注我就会跟注"这个信号？只有一种可能：这只是一种缓兵之计，是他设计好想要阻止你下注的一种策略。

用非常明显的方式拿筹码是大部分业余玩家经常会做的一件事，他们企图通过这个动作来告诉你他们准备跟注你的下注。显然这是不明智的。因为经验丰富的玩家通常会用不易察觉的方式来呈现这个马脚，越是细微的动作，表演的成分越少，这是人类面对威胁时身体作出的本能反应。比如，通常你会看到有些人把手放在筹码上，作出好像要拿筹码的样子。这其实是对筹码（自己的所有物）的一种占有和保护的本能反应。

对此我还有一个引申——摸筹码。虽然这个马脚的明显程度要稍弱一些，但是通常情况是摸筹码也代表着持有弱牌。因为如果你的对手希望你下注，他不会有那么多的多余动作，而是更可能保持安静，尽量不惊动你。

这个马脚是非常容易被引诱出来的，你可以尝试一下：当你思考很久，所有人的神经都比较紧绷的时候，你假装拿出筹码要下注，观察一下你的对手是否手部有微微靠近筹码的动作。

案例

早些年我经常会参加国内外的各类德州扑克赛事，我非常喜欢用上述方法去引诱对方露出马脚。

我会故意思考很久很久，尤其是当计时器上的数字已经快要清零、所有人都紧张兮兮地看着我的时候，我便从椅子上直起身来（一般情况下我更倾向于斜摊着），然后仿佛做了一个重大决定似的，把手放在筹码的上方推出去，佯装下注，但是其实我的手只是佯装了那么一下就迅速收回来，在这个过程中我会密切观察对手的手是否有靠近筹码的倾向，从而来判断他是否有加注我的想法。

越是躁动不安的玩家牌越是弱，那些无论你怎么操作都无动于衷的玩家80%是有强牌的。

这个引诱的方法虽然对我来说屡试不爽，但是确实要注意尺度……因为有一次我在比赛中如此"使坏"的时候，被裁判宣布违反规则，停了我两手牌。

不过这点惩罚与我获得的回报相比简直无足轻重。

这个马脚包含了很多种手部和手臂的动作，虽然细微，但是很容易就能学会识别。早些年间，我遇到过很多这样的对手：他在不确定自己下不下注的时候，便会假装推出筹码，等到其他玩家和发牌员还没来得及作出反应的时候，又把筹码收回来。但是往往这个时候下一位玩家已经把"跟注"喊出口了，他就会一脸坏笑地说："不好意思，我没准备下注。"就算下一位玩家还没喊出自己的决定，但是其手部动作——静止不动或者摸向筹码通常也已经出卖了他的想法。

所以当你学会识别这个马脚后，你就可以试探性地微微向前伸手拿筹码，把那想要阻止你下注的玩家引诱出来。注意观察那些稍稍把手靠近筹码或者把手放在筹码上方的玩家，当你真的下注之后，这些玩家有可能在你下注后弃牌，也有可能在你下注后跟注。几次下来你可以把他们的行为和马脚联系起来——他们展示这样的马脚后，是更倾向于弃牌还是跟注。

建议不要把这个方法用在高水平玩家的身上，他们通常都会有意识地规避自己露出马脚的风险，你大概率不会在他们身上看到这个动作。如果这个动作出现在中等水平的玩家身上，通常他们更倾向于选择跟注而不是弃牌，但一定不会反加注。

上图显示了和前一幅图同一个马脚，不过更细微些。中间的这位玩家并没有用特别明显的方式抓筹码，只是触摸他的筹码。当然，你遇到的实际情况有时会比这个图片显示的动作要更加细微些。

我对这个马脚是相当肯定的：不论这个玩家计划在你下注后是跟注还是弃牌，只要他展示了这个马脚，就绝不可能再加注。这样的信息能够让你最大限度地缩小他可能的手牌范围，当你不必担心对手有可能对你进行加注的时候，你才能够在加注的时候内心更加稳定平和一些。

这里需要注意的是，你下注后偶尔也会发现这个马脚：当玩家用非常弱的牌下注的时候，也会很狡猾地拿着筹码。他的行为是想向你暗示他根本不害怕什么操作，但是在精通马脚学的人眼中反而坐实了他牌弱的事实。你可以在本书"下注后的马脚"的章节中又一次看到这个马脚的时候，回来做个对比，你会对这个马脚的理解更进一步。

保持前一个下注圈的动作

在翻牌圈，玩家如果感受到威胁，就会展示出防御性动作，有些玩家甚至会把手持筹码的动作一直维持到转牌发出。就算发出的河牌对他是有利的，他也不会卸下自己防御的外壳。当然你也有可能会遇到故意与之前姿势保持一致的玩家用这种假的马脚来欺骗你，所以你更应该留意这个马脚，并且识别出玩家的真实意图。碰到这类保持固定姿势的玩家时，你要记得考虑新的公共牌对他有利的可能性。

识别出"提前拿筹码"这个马脚

有时你会遇到这种情况：玩家在还没有轮到他行动的时候已经早早地准备好了下注动作——提前把筹码拿好。这个动作真的很诚实，反而让事情看起来好像不那么简单，但是事实就是如此。

这个诚实的动作大多数出现在多人底池的翻牌圈，此时的底池很小，玩家没有必要为此过度警惕。当前一位玩家即将下注的时候，这位玩家会拿好筹码提前准备好。这个动作对上一位玩家来说很容易有所察觉，但是对其他坐得比较远或者不太关注马脚的玩家来说，估计得费不少的时间和精力才能阅读出来。而且想要判断这位玩家到底是想要提前拿筹码还是在以防御的姿势抓筹码，也是有些难度的。我会在后文中对此做更详细的说明。

等待行动时的马脚（弱）

表示要弃牌

有时在翻牌前或多人底池时，玩家会直接表达自己要弃牌的真实意图。

当隐藏信息和直接弃牌对玩家来说并没有明显的利益差别时，玩家不按照常理行动的理由非常充足，就算泄露弃牌意图，也并不会给他造成更大的损失或带来更高的收益。

马脚属性可视化雷达图

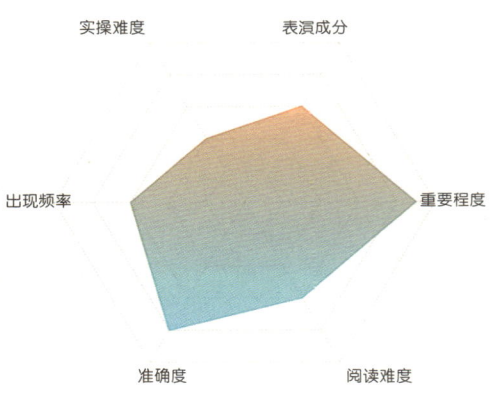

实操难度
表演成分
出现频率
重要程度
准确度
阅读难度

案例

我在现场打比赛的时候遇到过这么一种情况：发牌员刚发完牌，轮到我行动，我正在思索到底是弃牌还是下注的时候，我的后一位玩家猛然起立，虽然他没有说话，但是一半脑袋已经探出去朝向厕所的方向了。我被吓得一激灵，大脑瞬间空白，突然不太确定这个人是不是故意迷惑我，引诱我下注。休息的时候我问他到底是怎么想的，他直截了当地告诉我："那时候是真的尿急，底池这么小，有跟你演的必要吗？！"

大部分玩家不太愿意在这种时候还小心翼翼地隐藏自己弃牌的意图，因为隐藏信息和直接弃牌对他来说并没有明显的利益差别。玩家在这种情况下不按照常理行动的理由非常充足，就算泄露弃牌意图，也并不会给他造成更大的损失或带来更高的收益。

这是一个似乎表面看起来不会给玩家带来损失或利益的马脚，所以很多玩家认为它无关紧要，于是选择忽视，但是我认为这个很容易就能识别的信息完全可以被利用起来。你可以认真琢磨一下你的对手玩家用这种方式传达出来的弱势信息，扩大自己对这个马脚的利用空间，试着用更多的牌对这类玩家进行加注或跟注，一定会给你带来非常可观的收益。

表示要弃牌（翻牌前）

当德州扑克游戏还处于翻牌前的阶段时，牌桌上的玩家人数和多人底池时一样，都很多。此时的底池相对来说比较小，玩家如果选择弃牌所损失的价值不高，如果流露出弃牌意图，直接危害也比较小。所以就算是对马脚学有些了解的玩家通常也不太会在这时过于谨慎地隐藏自己的意图，这正是你观察玩家放松状态时的行为的最好时机。

比如，你可以从玩家的拿牌习惯入手，看看哪些人会坦然地伸长了胳膊举着牌，好像下一秒就要把手里的牌扔到垃圾桶里似的，哪些人遮遮掩掩，不让除自己以外的任何人看到哪怕一个牌角。可能还会有一些玩家的行为没有那么明显的特征，但是你仍然可以看出一些倾向性。找到规律，你就可以推断他们的意图。

我来说一些你有可能见过的常规例子。

- 在某些情况下，玩家会将较弱的牌放置在距离自己较远的位置，似乎并不担忧此举可能导致牌被无意间覆盖。然而，若牌力较强，玩家则会采取一定的保护措施，至少会将牌放置在离自己较近的区域。
- 有些不拘小节的玩家如果打算玩这手牌的话，会把压牌器放在牌上。
- 在牌局中，部分持有中等牌的选手会将压牌器放置于牌上，或手持筹码，试图传递出他们对当前牌局的热切关注。然而，当手中持有优势牌时，他们却不会有此类行为。因为在持有优势牌的情况下，他们不会表现出任何暴露自己意图的举动。这意味着，若你观察到玩家表现出"有兴趣"的举止，那么他们手中的牌仅限于中等水平，而不会有优势，特别弱的牌也不太可能。

对于大多数玩家，只要稍稍观察就足以将他们的持牌方式和他们翻牌前内心所想建立起联系；对于那些略有阅读难度的玩家，你也应该在心中对他们排个序。我一般的观察顺序是：先观察我左手位置的玩家，明白了他的意图后立刻转而观察下一位玩家。如果某位玩家什么信息也没有泄露出来，那么我会尽快跳过他，继续观察下一位。

一般来说，马脚通常只会呈现在技术较差的玩家身上，但凡有点经验的玩家都有不被对手抓住马脚的意识，所以他们会非常注意自己的拿牌姿势，一般都会固定姿势或每隔一段时间换一个姿势。不过如果你发现某个优秀玩家正在分神，一定要多观察一下，毕竟他无聊或情绪失控的时候，也偶尔会泄露出弃牌意图。

这里需要补充一下，有些玩家只有在轮到自己行动的时候才会翻看自己的手牌。这是非常好的做法，既能掩盖自己的马脚，又能有足够的精力观察别人。对于这样的玩家，这个马脚的阅读法是不适用的。

翻牌前，轮到左边的玩家行动，上图中的这位玩家的手部姿势已经明显暗示了他有弃牌意图。

表示要弃牌（在后几条街的表现）

在多人底池的翻牌圈抓住这个马脚能够带来的价值非常大。因为玩家面对的对手太多，一旦他拿到一手弱牌，他通常会感到无奈和失望，无论什么行动对他来说意义都不大了。毕竟他不可能拿着这么没有胜算的牌，通过炉火纯青的技术或诈唬来打败如此多的对手。假装对着手牌感兴趣既不能带来即时的利益，还有可能带来更大的损失，那么不如趁早弃掉自己的牌，少承受一些炽热的目光。

假设你正在和另外两位玩家一起玩德州扑克游戏，游戏进行到河牌圈，你是第二个行动的玩家。面对下注，你可以故意停顿一两秒，倘若你发现你后面的那位玩家的表情中出现了一丝沮丧，或者手部已经有要弃牌的倾向时，你就知道这个马脚意味着你可以用更多的牌来进行价值下注或者诈唬，这个准备要弃牌的玩家手中没有强牌。

不过与翻牌前不同，圈次越靠后，底池越大，玩家表演的欲望也就越强，因为这样做的收益更高，因此你要警惕这种情况的出现。

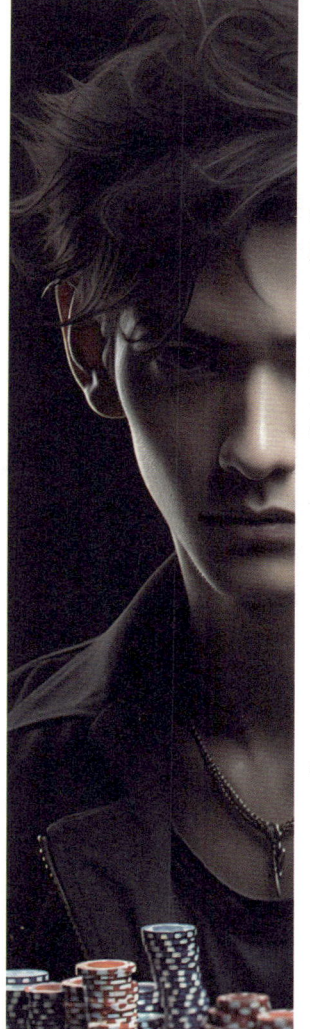

等待行动时的马脚（弱）

盯着很差的公共牌

有些玩家会在刚发出的公共牌对自己没帮助时盯着那些公共牌。

你应该经常会看到这样一些玩家：他们在翻牌、转牌、河牌发出的时候，会立刻盯着公共牌。对这类玩家（尤其是初学者）而言，这是一种公共牌对他们没用的信号。

马脚属性可视化雷达图

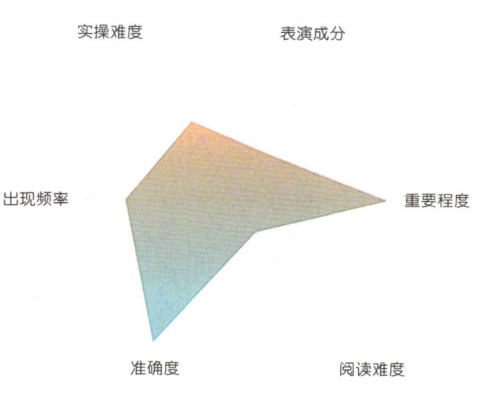

实操难度　　　　　表演成分

出现频率　　　　　　　　　重要程度

准确度　　　　　阅读难度

在下图中，转牌刚刚发出，两名玩家正盯着公共牌。有些玩家会在自己的手牌跟公共牌没关系时盯着牌面，在公共牌对自己有帮助时稍微转移一下视线。

有这种马脚的玩家通常会作出以下动作：

- 当公共牌发出，他击中强牌时（如同花或三条），他会迅速把目光从公共牌移开，然后可能会相当快地再次回头看牌面。
- 当发出的公共牌对他没帮助时，他会继续盯着牌面。

如果你完全没有学习过基础马脚学，可能会对玩家在拿到弱牌时盯着桌面的公共牌这一行为产生误解，认为这是玩家对牌有兴趣或者意图欺骗对手的表现。然而，经过深入观察和分析，我们发现，大部分玩家在牌桌上注视公共牌的主要原因，其实是习惯性行为。当新牌发出时，大多数玩家会本能地看向发出的牌，这是一种自然的反应。除非有特殊情况导致他们转移视线，如其他玩家出牌、观察其他玩家的行为或采取某种行动，否则大部分玩家会继续保持对公共牌的关注。因此，从理性的角度来看，我的建议是不要过度解读这一行为，而是将其视为一种自然的习惯。

这个马脚的产生，有时可能仅仅是因为下面这个原因：没有一个合适的理由或者因素能够让玩家一定不看公共牌，那就看着好了。

当玩家在打牌过程中击中关键牌时，他可能会迅速转移视线。这一反应在某种程度上可被视为一种心理战术，旨在分散对手的注意力，使其远离关键信息。对这一现象在后续的详细介绍中会有更深入的探讨。

对于出现这个马脚的原因，我还听到过这样一种说法：人类有一种本能，会在情况不利的时候尽全力去找到对自己有利的方面来帮助自己生存。因此盯着公共牌就好像在寻找自己哪怕是击中一点点的后门听牌的机会。

有人建议玩家在新牌发出时观察对手的面部表情，这在理论上听上去有些道理，但是有时这种做法未必可取。过度关注对手可能导致相反效果，如导致他更加警惕并针对你，或者导致他后续过度关注你的举动。当然，如果你认为对手的目光不会让你感到不适，且乐于与对手进行心理战术的较量，那么请自行选择。此外，你若佩戴墨镜，使对手无法观察你的眼睛，那么此举的负面影响将降至最低。

某些对游戏尚不熟练的玩家会频繁地露出这一马脚，此时充分利用这一马脚将获得丰厚收益。然而，大部分经验丰富的玩家无论手牌优劣，都会采用一致的策略来保持神秘，平衡自己，从而使自己不露出马脚。若对手水平尚可，你的最佳策略是不要纠结在这一点上，而是将精力集中在其他方面。一旦你掌握了识别的方法，不久便能确定对手是否露出这一马脚。

玩家的古怪神情也值得注意。在某些情况下，玩家想要假装表现出对公共牌的关注。他会皱起眉头，呈现出一种略带古怪的神情，仿佛正在观察一件有趣的事物或解决一道数学难题。这种表情通常仅仅是为了掩饰他对公共牌的关注，意味着该玩家的手牌与公共牌并无太大关联。

第三章 等待行动时的马脚

等待行动时的马脚（弱）

盯着弱的手牌

许多玩家盯着弱手牌看的时间会比强手牌更长。

倘若我发现多名玩家在翻牌前看牌都超过几秒钟，我便意识到自己所承担的风险有所降低，因为这些玩家很可能在面对我的加注时选择弃牌。

马脚属性可视化雷达图

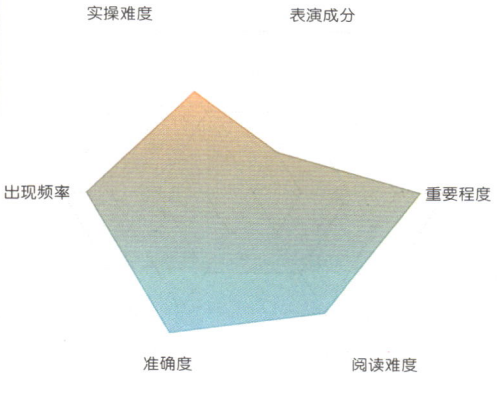

- 实操难度
- 表演成分
- 出现频率
- 重要程度
- 准确度
- 阅读难度

在前文中我提及，当公共牌对玩家有利时，他往往倾向于转移视线；反之，当公共牌对他无益时，他会紧盯牌面。下面所探讨的马脚，尤其凸显了手牌强弱对玩家行为的影响。

许多玩家在拿到强手牌时，会迅速移开目光。他们往往立即盖住牌，本能地掩饰自己的好运。理解这种反应，便能洞察到玩家在低头看到弱手牌时，所展现出的相反行为。通常，玩家看手牌的时间越长，意味着手牌越弱。然而，这一马脚并不总是显著的，玩家不同，时间差常常不到一秒。

在绝大多数游戏中，你仅凭余光便可洞察这些马脚。当牌局开始后，你可以将目光投向牌桌中央，同时留意谁迅速将手牌盖住，谁久久地注视着手牌。若发现所有对手均长时间盯着手牌，那么你就可以自信稳妥地以较弱的手牌参与底池的争夺了。

在通常情况下，当你犹豫是否采取激进的翻牌前加注策略时，识别并利用这个马脚能够帮你果断作出决策。倘若我发现多名玩家在翻牌前看手牌都超过几秒钟，那么我便意识到自己所承担的风险有所降低，因为这些玩家很可能在面对我的加注时选择弃牌。

在无限注德州扑克游戏中，若发现某位玩家看手牌耗时较长，且根据之前的观察足以确认他手中持有弱牌，那么我会充分利用他的这一心理漏洞。倘若这位玩家与我一同参与底池争夺，翻牌前我会比平常更凶地对他下注或加注。

第三章　等待行动时的马脚

等 待 行 动 时 的 马 脚 （ 弱 ）

防御的表情和姿势

当等待行动的对手作出防御的姿势或表情时，通常他的牌很弱。

当等待行动的对手不希望你下注时，他会盯着你看。此时他会为与你展开"较量"而在肢体上做好相应准备。

马脚属性可视化雷达图

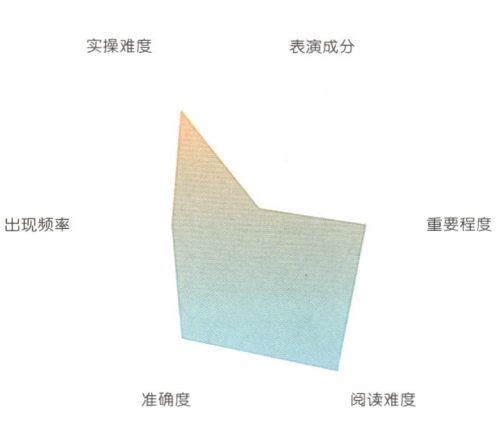

实操难度
表演成分
出现频率
重要程度
准确度
阅读难度

当等待行动的对手不希望你下注时，会盯着你看。他可能将目光投向你，身体转向你，逐渐靠近你，握紧筹码，坐姿端正，怒目而视，或者呈现其他防御性姿态。他的身体状态会非常紧张，面部表情非常严肃，仿佛正为即将到来的对决做好准备。

仅当对手恰好坐在你旁边时，你才可能注意到他展示出的防御性肢体语言。这是因为当距离较远时，对手不会试图通过身体语言来恐吓你。若坐在你对面，他则会用敏锐的目光紧盯你。除非他距离你较近，否则他不会表现出具有攻击性的肢体动作。

想一想，当你被要求展现出严肃的面部表情时，你的脑海中会浮现出什么样子？其中一个典型的表情是紧闭双唇，使嘴巴显得更小且突出，同时降低眉毛。在对手牌力较弱、意图阻止他人下注时，他会不自觉地呈现出这种表情的各种变体。请注意：当观察到对手噘嘴时，应密切关注他是否皱眉。因为仅噘嘴可能具有完全相反的含义。尝试扬起眉毛并紧闭嘴唇，你会有何感受？你可能觉得自己正在掩饰些什么或侥幸躲过了什么。当你看到对手噘嘴但并未皱眉时，他或许正手持强牌，故意表现出谨慎的态度。

案例

下表展示了 2023 年 WSOP（世界扑克系列赛）欧洲站主赛决赛最后一手牌的情况，对决双方分别为我国台湾知名教练小六与实力派著名牌手 Neugebauer（以下简称"Neu"）。两位选手的游戏技艺皆为世界顶级。

第三章 等待行动时的马脚

阶段	公共牌	小六的行动	Neu 的行动
翻牌前	—	加注 1.2M	跟注
翻牌圈	8♦ Q♦ 7♥	下注 1M	跟注 1M
转牌圈	8♦ Q♦ 7♥ A♠	下注 6.3M	跟注 6.3M
河牌圈	8♦ Q♦ 7♥ A♠ 4♠	全下 16M	跟注 16M

注：1M=1000000（个）

在牌局伊始，小六的筹码量为 55.2M 个，手牌为 J♦9♦，Neu 的筹码量为 26M 个，手牌为 J♠8♠。经过一番角逐，擅长把握细节的 Neu 精准地捕捉到小六的马脚，从而一举夺得胜利，率先脱颖而出。

如果你更喜欢动态的视频，那么你一定不要错过这场酣畅淋漓的大战，你可以扫描下面二维码添加客服微信号获取该视频。

在此过程中，我们可以观察到小六在牌局的各个阶段均采取了积极主动的策略，并且在河牌圈大胆地进行了一次全下。相较之下，Neu 在整个牌局中则采取了相对保守的策略。

在翻牌圈结束时，两人均稳中求进。转牌发出了 A♠，这是一张颇具策略性的牌，双方均可借此展开布局。Neu 表现得较为谨慎，选择继续跟注。轮到小六决策，经过几秒思考，他下了一个 6.3M

个筹码的大注。

　　Neu 无疑是一位善于捕捉细微马脚的专家，全程佩戴墨镜，犹如山雕般稳如磐石。此时，他作出了一个富有趣味性的举动：摘掉墨镜，一秒切换状态，死死地盯着小六。

　　至此，无须对这位玩家进行详细介绍，就可窥见他对马脚学的研究之深入。小六的投注行为显然超出了 Neu 对小六的预测范畴。仿佛察觉到了马脚的痕迹，Neu 的眼神变得敏锐，面部肌肉也随之紧张起来。

　　随着河牌 4♠ 的出现，小六的面部表情逐渐显得不安，其隐藏的马脚似已暴露无遗。尽管他表面依旧保持冷静，并无显著的肢体动作，但若将之与先前状态进行细致比对，不难发现，他已在一定程度上有一点在"咬牙继续"的意思了。

　　接下来看看小六出现马脚前后的对比，你就会更加体会到这个马脚的价值。

上图左：表现放松。眉头自然舒展，下巴肌肉放松，嘴部较为放松，面部整体表情较为自然。

从心理学视角审视，小六所展示的放松状态或许是他在扑克游戏中进行了良好心理调控的体现。眉头的自然舒展及下巴肌肉的松弛通常与平静和自信相关联，这暗示着他可能对当前局势抱有满意态度。嘴部的放松及整体自然的面部表情可能是他在面对竞争对手时有意展现的，旨在掩饰自身的策略与情绪，或者真实反映了自己对牌局的信心。这种平和的姿态或许会向对手传递一种信号，即手中的牌力相对较强，或者具备足够的自信来应对即将到来的游戏挑战。

上图右：假装放松。皱着眉头，下巴肌肉紧张，有明显的噘嘴动作，面部整体表情不自然。

皱眉往往与焦虑或困惑相伴随，下巴肌肉紧张显示出他正在努力控制情绪，以掩饰自己的策略。他或许正在内心审视复杂的情况或感到不安，而噘嘴的动作则可能是自我安慰的表现，或者是他在努力保持冷静的无意识反应。然而，他并未意识到，这种表情的失控已经泄露了他的内心。对于 Neu 这样的资深人士来说，"并非因为手中握有强牌而作出这样的下注"的判断，几乎就差打印出来贴在脸上了。

这种防御的表情和姿势正是意图阻止对方下注的典型马脚。

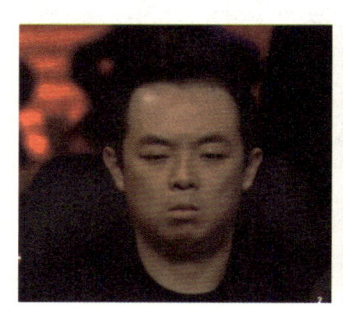

上图左：轻松，但是假装自己很紧张。眉头微皱，但眼部角度较为平缓圆润。

在左图中，小六对外展现出的是一种紧张的面部表情，但其实他似乎是在有意识地表现出紧张的样子。虽然眉头略显紧皱，但他的眼部角度平缓，整体感觉较为放松。我们只能说这种混合的信号是他在游戏中的一个策略，用以迷惑对手，让对手难以准确判断他的情绪状态或手牌的强弱。

上图右：紧张，但是假装自己很轻松。眼部角度呈锐角。

在右图中，小六对外展现的面部表情貌似轻松，但是仔细研究之后我们能看出：他的眼神锐利，上眼睑边缘已经明显呈现出折角，眼睑提升——他在密切观察着对手的行为。貌似轻松只是他的一种策略，用以掩盖自己真实的情绪状态，试图误导 Neu 对于他手牌的判断。

看到了小六的表现，Neu 只是轻轻地低下眼，拿起筹码，然后直视小六，非常自信地把筹码甩了出去。他的眉毛略微扬起，好像在得意地说："你要被我抓到了！"

这个过程是一个极其精彩的心理博弈，我认为是学习马脚学的人必看的经典案例之一。不过，我的文字功底不太出色，再加上静态图片的限制，让你无法全面感受到实况比赛的精彩和马脚被抓时牌手的复杂情绪。这也是我建议你将此分析就着视频一起"食用"的原因。

在上图中，左边的玩家在思考是否下注，右边的玩家采取防御的姿势坐着，好像想用身体恐吓对手不要下注。

这个马脚与前文中提到的抓筹码马脚相似。露出此种马脚的玩家可能手握可跟注的牌，但他的策略更可能是采取防御措施，倾向于过牌。在这种情况下，他几乎不会对你进行加注。

在无限注德州扑克游戏中，我若发现自己持有弱牌，并且观察到其他玩家在翻牌圈展露出此马脚，我便会倾向于对他进行下注，并且做好他跟注的准备。若他跟注，并且在转牌匿呈现相同举止（假设该玩家并非跟注站玩家），那么我会再次下注。如果没有什么意外的话，我预计他会选择弃牌。

识别出这个马脚还能帮助你做薄价值下注。如果你在河牌圈看到这个马脚的话，你可以用本来会过牌的牌下注，扩大自己的优势。

上图左边的玩家已经过牌了，露出了防御性的生气的面部表情。对于许多玩家来说，这个等待行动时的马脚表明他的手牌很弱。

等待行动时的马脚（弱）

洗牌

玩家在桌上扫视过其他人之后，用手洗自己的手牌。这时他的牌很可能很弱。

在翻牌前，时常可见到一些玩家显露出这一马脚。当他们意图弃牌时，会不自觉地整理手中的牌。我认为这在很大程度上是一种释放压力的表现。

马脚属性可视化雷达图

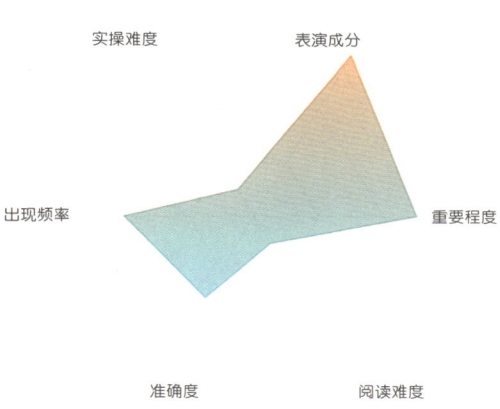

实操难度　　　　表演成分

出现频率　　　　　　　重要程度

准确度　　　　阅读难度

许多玩家在等待弃牌的过程中很可能作出洗牌的举动。而持有强牌的玩家通常不愿引起他人注意，即便这种微小的举动也会尽力避免。

我曾听闻一则故事，是一个人在乡下收购古董的经历。在一次收购中，他觅得一件特别喜欢的珍贵玩物，价值不菲。欣喜之余，他不慎摔倒，痛苦不堪。然而，他并未顾及自身的疼痛，而是立刻去看这件古董是否完好无损。

这种情境，相信大家都能理解。因此，倘若你手中拥有一副极好的牌，就如同拥有一件古董一般，你自然会小心翼翼地呵护它，而不是随意洗牌、翻看、揉搓。所以，通常来说，那些洗自己牌的人，其实并没有什么好牌。这个道理，希望大家能够理解。

我发现我自己经常会这么做。一开始我就是从自己身上注意到其他人也有做这个动作的。

第三章 等待行动时的马脚

等待行动时的马脚（弱）

假笑

玩家感觉不舒适时通常不会真笑。

当底池较大时，若对手不愿让你参与下注，他可能不会展现出真诚的微笑。

马脚属性可视化雷达图

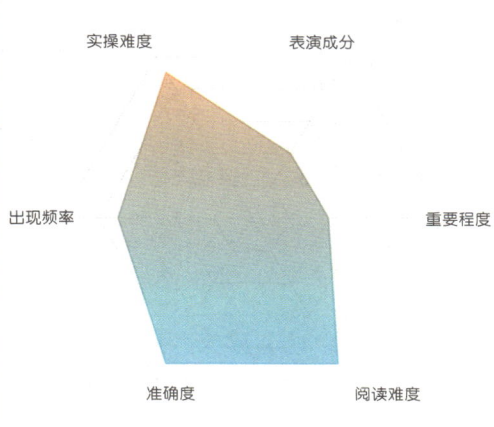

069

实操难度
表演成分
出现频率
重要程度
准确度
阅读难度

当底池较大时，若对手不愿让你参与下注，他可能不会展现真诚的微笑。若要辨别真笑与假笑，我建议你阅读姜振宇老师微表情方面的书籍，我认为写得很好。

人的动作与面部表情是由大脑皮层不同区域控制的。

负责生成动作的脑区位于大脑前额叶皮质运动区。此外，还有两个负责特殊动作的区域，即 SMA（辅助运动区）负责身体两侧的协调及由内在驱动力引发的动作，而 CMA（扣带运动区）则负责产生由情感驱动的动作。

真笑与假笑的本质区别在于面部表情的生成机制。如果是假笑，其源于内在的驱动因素，即自我指令要求自己表现出笑容，而真笑则是情感驱动的自然流露。

面部表情一般由 CMA 产生。CMA 与 SMA 的区别在于 SMA 无法刺激眼睛周围的肌肉，因此真笑与假笑最大的区别在于眼睛周围肌肉的运动。若为真笑，眼睛周围的肌肉也会随之运动；若为假笑，则眼睛周围的肌肉不动，仅面部其他肌肉有所表现。换言之，即"皮笑肉不笑"，眼睛未参与笑的动作。因此，在判断笑容真假时，关注眼睛周围的肌肉动态尤为关键。

请在后文查看更多关于真笑和假笑区别的内容。

等待行动时的马脚（弱）

对公共牌发表看法

当公共牌发出时对牌面发表看法的玩家，其手牌不大可能跟公共牌有很好的联系。

突然对公共牌发表看法的玩家 95% 没有击中大牌。他们的牌可能还行，但是不可能有明三条、暗三条、四条或同花等超级强的牌。

马脚属性可视化雷达图

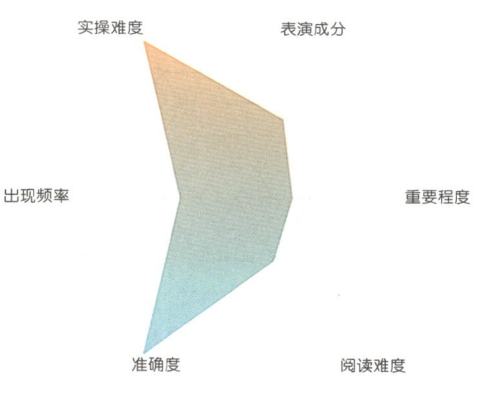

在牌桌上，当翻开的牌是 J♦Q♦K♦ 或那种超酷的三张同花连牌时，总有那么一些人会"哇哦！"一声，或者吹个口哨，马上发表高见。当翻牌是 223 的时候，他们更是激动不已，还没等轮到他们下注呢，就开始大呼小叫："哎呀！这不就是我的幸运牌面吗！"

根据我的经验，像这样突然对公共牌发表看法的玩家 95% 没有击中大牌。他们的牌可能还行，但是不可能有明三条、暗三条、四条或同花等超级强的牌。

在高级别的游戏中，此马脚的准确性并不太大。在低级别游戏中，此马脚的准确性则颇大。在我的扑克生涯中，记忆中仅有两三次，玩家在立即对公共牌发表意见后，最终确实展示出较强的手牌。

可以这样考虑：在德州扑克游戏中，真正手握强牌的玩家往往不愿引起他人注意。当某位玩家意外获得极强的牌型时，他的自然本能会驱使他保持低调，尽量不让其他人察觉到这一信息。这种心理在多人底池的场合中表现得尤为明显，因为在这种场合中，玩家更容易放松警惕，更愿意分享自己的游戏策略。而在单挑局中，玩家则会更加谨慎，力求不泄露任何信息。

然而，随着德州扑克游戏的普及及玩家水平的提高，这种明显的马脚在经验丰富的玩家身上已经不太适用。

第三章 等待行动时的马脚

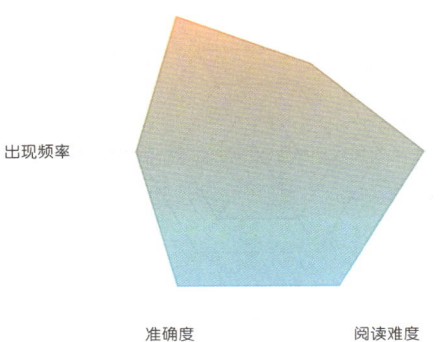

马脚属性可视化雷达图

- 实操难度
- 表演成分
- 出现频率
- 重要程度
- 准确度
- 阅读难度

强 等待行动时的马脚

这个部分描述的是玩家持有强牌时的马脚。在对手行动前的等待阶段，玩家可能暴露出的一些马脚揭示了其手中拥有强牌的事实。

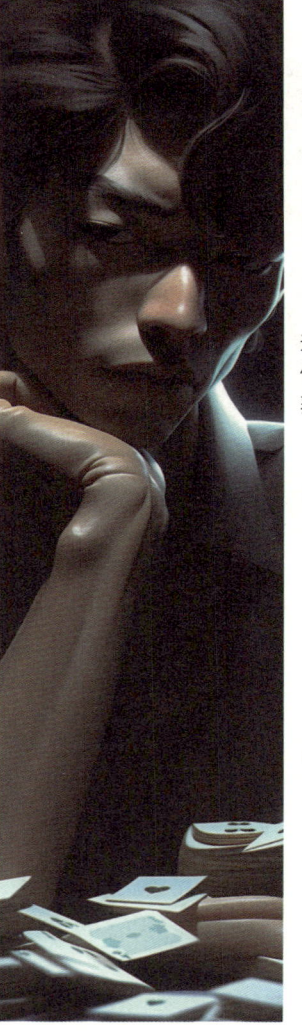

等待行动时的马脚（强）

瞥筹码一眼

玩家通常会在看到对自己有益的牌时迅速低头瞥一眼筹码。

这是他在意识到自己持有好牌时的本能反应，他会查看自己还剩余多少筹码，进而评估可能获得的潜在收益。

马脚属性可视化雷达图

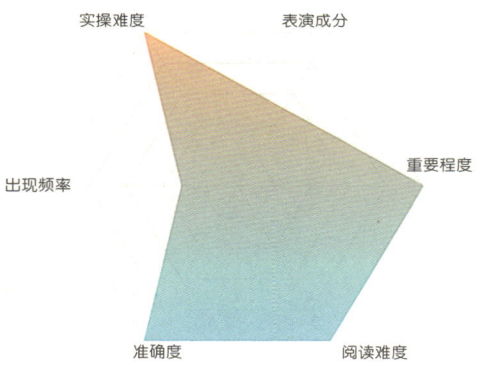

实操难度　　　表演成分

出现频率　　　　　　　　　重要程度

准确度　　　阅读难度

Mike Caro 强调了"瞥筹码一眼"这个马脚的重要性。他说这并不是有意识的行为，而是许多玩家都会有的无意识的本能反应。无意识行为是更为准确的，因为玩家没有编演的成分，我们能读出来的信息就是其真实想法。唯一可能存在的问题就是，你没能读出信息。

许多理论都认为这个马脚并不常见，只有在游戏中看到好牌会很容易兴奋的相当新的玩家才会展露这个马脚，并且只在很低级别的游戏中有用。但是我仍然把这个马脚放在非常重要的位置，因为就我所有的经历和听闻来看，假设一场比赛中某位玩家会出现100个马脚，那么大概有15个马脚都与此有关。

这或许是中国玩家非常具有特色的一个马脚。这种心态特点与中国玩家相较于外国玩家更加重视游戏中的得失有关。

首先，中国玩家在游戏中表现出的竞争意识很强烈。自古以来，中国人便崇尚"争先恐后"的精神，儒家文化强调"修身、齐家、治国、平天下"，鼓励人们在各个领域追求卓越，竞争意识深入人心。这种传统观念使得中国玩家在游戏中更加注重排名和竞争。因此，在游戏中，中国玩家自然而然地将这种竞争精神带入其中，追求更高的排名和荣誉。

其次，中国玩家承受损失的能力较差。在中国文化中，避免失败、追求完美是一种较普遍的心态。这种心态在游戏中表现为中国玩家在面对挫折时更倾向于避免损失。

当然，这种心态特点并非绝对，也并非所有的中国玩家都具有。随着我国游戏行业的不断发展和玩家素质的提高，在最近这段时间参加的国内比赛中，我明显发觉越来越多的玩家开始重视游戏过程中的体验，感受游戏本身的魅力，而非单纯追求胜负。正如我常挂在嘴边的一句话一样：德州扑克这个游戏的终局就是一个娱乐。

总的来讲，"瞥筹码一眼"是个非常靠谱的马脚，说明对手有不错的手牌等待你去下注。

等待行动时的马脚（强）

不看你

有强牌的玩家在轮到你行动时，会倾向于不看你。

在对手等待你采取行动之时，他展现出了特殊的行为。他没有紧紧盯着你，而是低头注视桌面，间或扫一眼角落的电视机。

马脚属性可视化雷达图

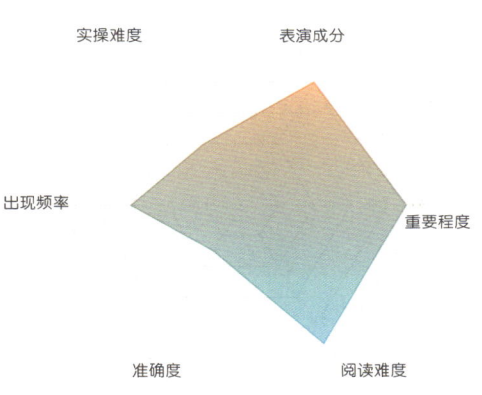

- 实操难度
- 表演成分
- 出现频率
- 重要程度
- 准确度
- 阅读难度

你可以观察一下那些明面上表现得漠不关心,这儿看看、那儿瞅瞅,哪怕是捧起水杯喝水都不理你的玩家,他们通常都有强牌。

案例

你正在打无限注德州扑克游戏。你拿到 K♦K♠,翻牌前加注,有一人跟注。跟注玩家打得相当紧,你对他的读牌一直较准。

翻牌为 2♣ 10♦ Q♠。

在等待你行动时,这位玩家展示了一个表示牌弱的典型马脚:盯着你看(见前文)。你下注,他跟注。你认为他如果击中了 Q 的话,是不会看着你的,所以你推测他有 10 或一对 J 高张牌的顺子听牌。

转牌又是一张 T。

现在的公共牌为 2♣ 10♦ Q♠ 10♠。

你正在考虑要不要继续下注,这位对手玩家摆出一副"你爱咋咋地"的样子,表现出完全不关心你,甚至都不看你一眼。对于许多玩家来说,这体现出他们有强牌。

在对手等待你采取行动之时,他展现出了特殊的行为。他没有紧紧盯着你，而是低头注视桌面，间或扫一眼角落的电视机。你与这位对手玩家交锋过多次，已熟悉这种状况，深知这表明他手中握有符合明三条10的牌。你意识到，若此时下注，他会选择加注。权衡之后，你决定选择过牌，而他则果断下注。在深思熟虑后，你决定弃牌，结束此次对决。

有些玩家在拿着强牌时会避免看对手，这种行为有两个基本原因。

第一，他避免表现出具有威胁性。许多持有强牌的玩家不愿吓跑对手或不愿阻止对手参与底池竞争。他们会尽量显得平和无害，以鼓励对手下注。这种行为可能是本能反应，也可能是有意为之。

第二，在拥有显著优势的牌局中，他们往往不太需要那么直接去研究对手。即便一位卓越的玩家，在手持坚果牌（牌局中有压倒性优势的手牌）时也会相对减少对对手的关注。

在这种情况下，玩家呈现出来的马脚细微且多种多样。有的时候你可能发现对手玩家看向一个离你很远的地方，拒绝与你的眼神有任何的接触，因为这对他来说是十分危险的行为。你细心看一下那些不断调整自己椅背的玩家，如果他不是真的不舒服的话，很有可能只是为了能够更方便地看到更远的地方，而避免和你产生面面相觑的情境。有的时候你可能发现对手玩家盯着不远处的某个地方，发呆的眼神好像忘记了自己正身处激烈动荡的牌桌上。比如，他有可能眼神的方向是朝向你的，却没有与你发生任何的眼神交流，只是呆呆地看着你的头部周围，也许是你一缕没有捋顺的头发，也许是你耳边的一颗痣，还有可能是看向平平无奇的桌子，总之就是不直接注视你。还有的玩家也是看似在注视你，但是实际上他的眼神可能已经飘到了千里之外——如果他真有那么好的视力的话。

所以你要像观察其他所有马脚一样，辨认对手玩家的具体倾向，尤其是重点关注他的眼神是否不愿与你的交流。

我一定要再次重申一下联系的重要性。"联系"这两个字是串起全书内容的重要线索，在你没有找到特定玩家的行为与马脚之间的联系时，一定不要盲目地把马脚硬生生地套在这位玩家的身上。有一些玩家真的很擅长隐藏自己的马脚，他们最常用的办法就是用固定的方式看着你。所以联系是很关键的。

第三章 等待行动时的马脚

等待行动时的马脚（强）

面露失望的表情

有些玩家在拿到强牌时，喜欢露出有点失望的表情。

玩家真实地面露失望的表情也是存在的，但是大多数发生在损失无关痛痒的多人底池局。

马脚属性可视化雷达图

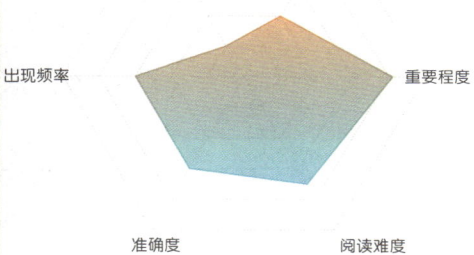

实操难度　　表演成分

出现频率　　　　　　　重要程度

准确度　　阅读难度

面露失望（模拟）

尝试模拟一个失望的表情：嘴唇中部向两边伸展，两边嘴角向下压，同时可以运动你的脸部肌肉微微向你的咬肌方向扯动你的嘴角。这个动作会使得你的嘴唇看上去更加薄。

现在摇摇头，你看像不像你刚刚在一个大型的德州扑克锦标赛中在泡沫圈（Bubble Time，指只淘汰几个人就可以进入"钱圈"、获得奖金，或者只淘汰几个人就能进入最终桌的这段时期。玩家一旦在泡沫圈时被淘汰，那么只能无功而返，无法获得任何赛事奖励，而成功晋级的玩家则有资格与剩下的玩家获得赛事奖金或奖励，所以泡沫圈之后的争夺通常被玩家称为"钱圈"）出局，与奖金失之交臂的状态。唉！真糟糕，你看你的眉毛是不是也顺势耷拉下来了，看上去很虚弱，就像是那些想让自己看起来毫无威胁的玩家一样，他们经常会作出各种程度的伸嘴唇的动作。

上图这位玩家在等待对手行动，他看上去有些沮丧，也许是对自己的手牌有一些失望。对大部分之前通常不会有此表情的玩家来

说，这是持有强牌的表现。

面露失望（假装）

有些玩家在拿到强牌时，喜欢露出有点失望的表情。

这一点和玩家努力使自己显得"人畜无害"的心理想法没有什么太大的区别。与上一马脚的相同之处是，这一马脚细微之处的差别非常大。

你可以经常看到这个马脚的典型动作：一个玩家在拿到强牌之后，眼睛不会看向对手，而是会选择一些无关紧要的地方。比如，他可能会低头看向自己的手，摸一摸自己的鼻子和嘴巴。如果是一个身材魁梧或看上去比较凶的选手，他还会努力收缩自己的躯体。一是为了不让自己在对手面前暴露太大的面积，让自己更像一只没有杀伤力的小兔子。二是想要告诉对手："你看看啊，我没什么牌，有点失望，甚至都无聊到抠弄我的手了哦，你怎么行动都和我没关系！"

还有一些玩家会作出一些比较明显的动作，如摇头、叹气、咂一下嘴，或者露出有点嫌弃的表情。善于隐藏自己情绪的玩家还有可能会作出一些更加不易察觉的动作，如轻微地耸肩或低头。但是这类动作透露出的信号其实本质上都是想要让对手觉得自己十分弱小、没有威胁。他有可能会让自己的肩膀稍微内扣，胸部尽量向后靠，减小自己在牌桌上所占据的空间。因为这样才能让你更加相信他是真的感觉有些沮丧。这是一种无意识的行为，而无意识行为的马脚都较为准确。

所以想要识别这个马脚的核心在于，你要去感知这个玩家到底是在试图让自己更弱小还是显得更引人注目。

在战斗到高潮之际，你很难判断一个人表情的细微差别。为了使自己更客观地评估对手，你可尝试设想在非战斗场景下对此类表情的观感。例如，设想在街头漫步或于咖啡馆内闲坐时遇见此人，这种距离有助于审慎评判其行为表现。

有的玩家天生就长有一对"死鱼眼"，还有的玩家就算没有任何情绪波动也总是看起来很悲伤或者在生气，那么这个马脚对这些来说也是不太适用的。在观察这个马脚之前，你应该有意识地先去观察并记住对手玩家天生的表情基线。

面露失望（真实）

玩家真实地面露失望的表情也是存在的，但是大多数发生在损失无关痛痒的多人底池局（前文有关于多人底池局的描写）。没有经验的玩家就算在这时表露出真实的失望，放弃自己这手牌的权益，他也不认为会给自己带来什么不可接受的损失。或者如果一个玩家已经连续失利到心态崩溃的时候，真实的失望也会表露出来。

但是如果你在高级别的游戏中遇到这种情况，你可就得自己掂酌一下了，或许有人想要通过精心的表演来骗你。

表演与非表演

在我阅读过的马脚学书籍中，作者经常会按照"表演的马脚""非表演的马脚"进行分类，这个方法放在现在来看有些不太科学，因为有时候表演和非表演的边界已经没有那么清晰了。我刻意表演的时候会故意露出这样的马脚，但是有时我在无意识中也会呈现出几乎一样的马脚。在我看来，很多马脚其实都糅合了表演和非表演性，也就是说一个马脚可能会有不同比例的表演和非表演的成分在内，不能简单地一刀切。

许多动物在躲避侦测的时候会蜷缩起自己的身体。你可以看看，进入陌生环境的猫是不是和有强牌的玩家不想被对手发现时的状态有些相似？当一只猫发现老鼠准备去捕食之前，会本能地压低自己的身体，让自己看起来没有威胁。我觉得人类在基因中有着同样的动物本能，并不完全总是在刻意表演。

等待行动时的马脚（强）

不看好牌

玩家看到对自己有帮助的牌时倾向于立刻移开目光。

尤其是对于水平比较差的玩家，这个马脚非常有用。他们经常会在看到自己手中的牌较强时非常迅速地合上牌。

马脚属性可视化雷达图

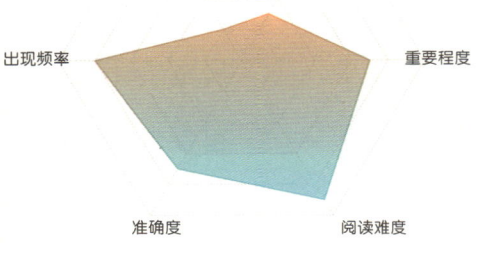

实操难度　　　　　表演成分

出现频率　　　　　　　　　　重要程度

准确度　　　　　阅读难度

这与之前所讲的玩家看到对自己无用的牌时会倾向于盯着底池有异曲同工之妙。

当发出的新牌对自己有帮助时，有些玩家会无意识地立即从牌上移开目光。

示例

你看过电影《血钻》吗？电影中有一个场景：被迫开采钻石的一个奴隶突然发现河里有一颗巨大的钻石，而且就在他的脚边。看着同样饱受贫穷折磨的同伴，他内心无比清楚旁边每个人都想得到钻石，他想要趁没人发现的时候将其据为己有。但是他的第一反应一定不是弯下腰捡起来，而是不看向钻石，免得引起大家的注意。

我并不认为这是电影的艺术化处理，而是一种真实行为的表现。毕竟当周围满是野心勃勃的竞争对手时，隐藏兴趣是人的自然本能。

所以玩家会本能地隐藏公共牌对他们有利的真相，这也是非常合理的。

不看公共牌

玩家看到发出的公共牌对自己有利时，通常会迅速转移目光（这一点我在前文已经提到过了），不过值得注意的是，他们就算装得再不在意，也会想尽办法回头看一眼。他们会刻意转移自己的视线，表现得疏离又散漫，貌似望向公共牌并眺望未知的空间，但是其实这很有可能是假装自己在关注公共牌，实则是在悄悄地观察着你或其他对手，他们想要诱导你们投入筹码，为自己制造更大的底池。

不看手牌

"不看好牌"这一马脚同样也适用于手牌,尤其是对于水平比较差的玩家,这个马脚非常有用。他们经常会在看到自己手中的强牌时非常迅速地合上牌,有一些人用时甚至不足一秒。这个马脚与其他马脚区分起来是有一些难度的,因为在前文中我讲过,如果他手持弱牌,他则很可能在合上牌后,迅速地(仅约1秒的时间)再次看一眼手牌。

对于这个马脚而言,玩家手持弱牌时比手持强牌时,其准确性会更高,因为玩家手持弱牌时的马脚更加接近无意识行为,而手持强牌时多少还是有一些表演的成分在内的。

第三章 等待行动时的马脚

等待行动时的马脚（强）

提前拿筹码

在翻牌前以及多人底池局中，玩家通常会展示下注或加注的真实意图。

当翻牌前底池很小时，中等及以下水平的玩家并不会很小心地隐藏他们下注或加注的意图。

马脚属性可视化雷达图

实操难度　　　　表演成分

出现频率　　　　　　　　重要程度

准确度　　　　阅读难度

和前文中玩家会泄露真实的弃牌意图一样，有些玩家会泄露其下注或加注的真实意图，特别是在多人底池局中。这一点真的要重视，尤其是当翻牌前底池很小时，中等及以下水平的玩家并不会很小心地隐藏他们下注或加注的意图。因为隐藏这些信息不会给他们带来多大好处，正所谓无利不起早。另外，玩家也不太担心会因为自己的暴露损失掉自己的全部筹码，现在的底池断然没有大到那个程度。

所以你在下注之前，最好停顿一两秒，给自己一个缓冲的时间，你可以充分利用这一两秒的时间，去观察一下你的后位玩家是如何表现的。"提前拿筹码"这个马脚很好识别，因为他的手部动作相比较眼部而言，是很好捕捉和分辨的。

不要忘记联系的必要性，有一些玩家十分富有，性格也是大大咧咧的，从来不整那些花里胡哨的。反正他有输不完的筹码，对他来说输赢都无所谓，主要是来获得一些体验感的。

案例

有一次我在一个小型锦标赛中遇到了一位深不可测的玩家。我们在比赛开始之前都素不相识，但是每次我准备下注的时候，我发现他的手掌都微微前移，一副你敢下注我就跟的样子。他看上去非常有富贵之相，再加上一副坦然自若的样子，颇有点冠军的影子，导致我大半场比赛都打得畏畏缩缩。我实在百思不得其解：他为何要如此针对我？中场休息的时候恰巧我在餐厅遇见他，我按捺不住内心的好奇，凑上前去问道："哥们儿，我刚在电梯踩的是你的脚吗？实在不好意思了，你在桌上跟得我都快喘不过气来了……"哪知道这哥们儿操着一口纯正的福建口音，一脸无辜地对我说："木有哇！我也是第一次参噶（参加）比赛，我陪朋友来的，我系觉得下注才有参与感的哇！"好家伙！是我想多了，原来是个"鱼老板"。好在这位老板还是十分讲道义的，后来真的稍微收敛一些自己的跟注频率，毕竟赢走我全部的筹码对我们两个来说都没有什么好处——我会难过得大哭一场，他会少了一个像我这么帅气有趣的对手。

如果你看到有人在非常仔细地叠筹码，并且已经了解他在这种情况下行为与牌力的联系，那么这意味着他在为下注做准备，你在决策时可以考虑这一点。

但要注意的是，这个马脚更有可能出现在多人底池局中，在三人底池局中出现得较少，在单挑局中出现的频率更是少之又少。因为玩家越少，代表需要观察的对象的数量也越少，任何一个不起眼的动作都有可能被敏锐的玩家捕获和利用。所以通常人数越少，玩家泄露的信息也就越少。

在三人底池和单挑局中，如果你看到玩家在还没轮到自己行动的时候就抓起筹码，那么我建议你对比一下前文，看他是不是处于防御状态，这种情况他拿弱牌的可能性比较大。

总的来讲，牌桌上人数越多，玩家泄露真实意图的可能性越高，投入筹码越无足轻重，泄露的马脚也就越少。尤其是在翻牌前（这时基本上满足前两个条件），玩家的状态往往较轻松，表现出来的意图也较真实。

提前拿筹码这个动作中的防御性和真实下注意图还是有细微区别的。前者动作幅度更大、更招摇，像是小孩子为了博得关注而夸张表演。而提前拿筹码准备下注则动作较轻微，表演的成分较少，从主观上来讲更不愿意被人发现。

许多人对这个马脚的重视和利用程度都不太高，其实观察这个马脚并不会耗费你太多的时间和精力。只要你行动前多停顿两秒，就可以观察到谁有想争抢底池筹码的意图。这是一个非常有用的信息，再不济，这个信息也能让你轻松建立起玩家行为和马脚之间的联系，为你后续的行动提供价值。

第三章 等待行动时的马脚

等待行动时的马脚（强）

在牌局早期举止怪异

如果玩家在底池还不大的牌局早期举止怪异，通常他持有较强的手牌。

在底池较小、玩家尚多时，这种马脚最为常见，尤其是翻牌前，玩家的警惕性比在单挑时大大降低。

马脚属性可视化雷达图

实操难度　　　　表演成分

出现频率　　　　　　　　　重要程度

准确度　　　　阅读难度

"举止怪异"这一表述是相对而言的，它指的是某个玩家展现出与平常习惯不同的行为。这种怪异的举止并非总是令人感到恐怖或古怪，但与该玩家的日常行为相比，却显得异常。例如，一个通常非常专注的玩家在看到手中的一对A后，眼神变得游离，仿佛被某种神秘力量分散了注意力。又或者，一个平时面无表情的玩家在获得暗三条后，竟然流露出悲伤的表情。再比如，一个正在喋喋不休的玩家在击中明三条后，突然变得安静，不再像之前那样咋咋呼呼了。

这些举动本身或许并不引人注目，但对这个特定玩家来说，却显得极为反常。除非他的牌力发生了某种变化，否则我实在无法找到其他理由来解释他这些怪异的举止。

在牌局的初期阶段，当玩家尚未过多投入行动时，你务必提升自己的警觉性。这是因为一旦底池筹码增多，玩家难以承受巨大损失，他们便会努力掩饰自己的情绪，如始终保持一副扑克脸。因此，应在牌局早期玩家的防御意识较为薄弱、相对放松的时候就开始观察他们。因为在他们心中，早期泄露信息不会带来严重风险。然而，对于经验丰富的马脚识别专家而言，这正是为后续捕捉对手破绽奠定基础的最佳时机。

示例

某次我约了七八个朋友一起进行友谊赛，他们中大多数是基金经理或投资人。因为是友谊赛，选择的游戏级别较小，所以大家说说笑笑都不怎么在乎牌局的输赢。

其中一手牌的情况是这样的：翻牌前没有人加注，底池很小。

翻牌发出的时候，有个玩家突然面露局促，然后低头看着大腿，话变得少了起来。同桌的其他朋友也多少察觉到了一些异常，两个比较活跃的人直接问道："哥们儿，你肯定是准备诈唬吧？！"我看了一眼公共牌——对子！这不是典型的强牌马脚吗？识别这种马脚那还不是小菜一碟！当然全桌只有我在底池渐渐变大的时候默默弃牌了。嘿嘿，专业玩家的专业技能而已，怎么能说是欺负呢？

当你在牌局的早期就看到有人作出可疑的举动时，不要不假思索就认为对方在诈唬。其实在这种情况下，他拿到强牌的可能性是很高的。

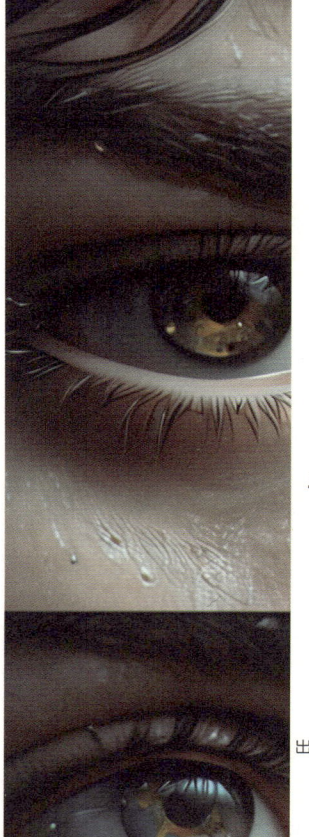

等待行动时的马脚（强）

眼睛放松

玩家眼睛的放松程度有时能透露出他内心有多放松。

在审视一个人的眼睛时，你要关注的是其眼睑及眼球。紧张与焦虑会令一个人的眼睛睁得比放松时更大。

马脚属性可视化雷达图

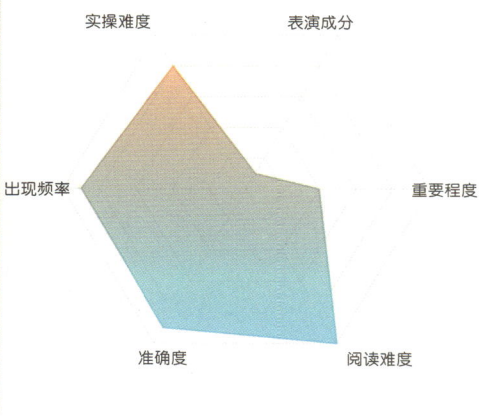

实操难度　　表演成分
出现频率　　　　　重要程度
准确度　　　阅读难度

第三章 等待行动时的马脚

在我们先前的讨论中，提到过许多牌手在持有弱牌时，会时刻盯着对手。然而，有一部分牌手，无论手牌强弱，都会坚持采用一种固有的方式来观察对手。那么，该如何解读这类牌手呢？事实上，这类牌手有一个显著的信息泄露途径，那就是他们眼睛的放松程度。

在无限注德州扑克游戏的转牌阶段，你与一位实力尚可的对手进行对决。此前在翻牌前，你已选择加注，并且在翻牌圈继续下注。此时，你手中持有 AQ，仅为高牌而已。转牌圈出现 K，单从牌面而言是一张不错的牌，但是对你并无直接帮助，甚至它可能对你颇具威胁。

在你犹豫是否进行下注之际，对手正专注地注视着你。在多数情况下，他会密切关注你在前几轮的表现，你或许认为这并不能为你提供太多关于他的信息，因为他的行为模式似乎颇为固定。然而，最近一两次，你察觉到当他手中持有中等以上的牌时，他的眼睛变得更加放松。此刻，你观察着他，发现他的上眼睑半垂，露出的眼球较少。你回想起之前他等待你作出决策的情景：当他手中握有弱牌、不希望你加大投注时，他的眼神更聚焦，更加警惕。

在充分考虑上述情况后，你决定采取过牌策略。他下了一个尚可接受的注，你选择弃牌。你向他支付 10 个筹码，请求查看他的牌。他答应了，展示出 KQ。果然如你所想，在转牌环节，他成功击中了对子，你可以在脑海中的数据库中记录下这一信息。

上图中，这个人正在等待对手行动。在左边的图片中，他的眼睛更松弛，表明他更放松，进而表明他有强牌的可能性更大。在右边的图片中，他的眼睛更警觉和有意识，表明他更焦虑，进而更表明他有弱牌的可能性更大。

在审视一个人的眼睛时，你要关注的是其眼睑及眼球。紧张与焦虑会令一个人的眼睛睁得比放松时更大。这是因为紧张和焦虑会刺激他的神经系统，使他的身体处于一种高度警觉的状态。在这种状态下，他的眼睛会自然地睁大，以便更好地捕捉周围的环境信息，应对可能出现的威胁。

相反，当一个人处于放松状态时，他的眼睛会较松弛，露出的眼球相对较少。这是因为在放松状态下，他的神经系统会放松下来，身体的各个部位也会回归到正常状态。在这种情况下，他的眼睑会自然地下垂，以保持一种舒适的状态。

在动物界中也存在此类现象。猫咪通过相互对视然后缓慢闭合眼睑的动作，表达它正处于安心状态，未感知到威胁。若家中猫咪在陪伴你时，双眼眯成一线，看似即将入睡，这是对你高度信任的表现。作为"铲屎官"，你可以尝试以此方式与家中小猫咪进行情感交流。此外，你还可以提供美味猫咪零食，观察它在吃得忘乎所以的时候，是否也开始眯眼看你。

然而，你需要注意的是，你在观察对手玩家时不能仅仅局限于观察他的眼睛的睁大和闭合，眼球的转动速度、停留位置，以及眼神的力度、眨眼的频率等，也都是你需要关注的方面。这些细微的表现都能反映一个人的内心情绪和态度。

眼球转动速度是分析关联性的一个重要指标。在身心放松的状态下，人会自然地转动眼球，这是因为身体的放松会反映在眼部肌肉上。众所周知，在焦虑状态下，人往往表现出紧张和僵硬，这种行为特征往往也显现在他的眼神中。焦虑的对手会有更为聚焦且自发性的目光，眼部有更多的活动。然而，这种动作可能极为轻微，识别起来颇具难度。

你还可以分析他眨眼频率的变化。有的对手在放松状态下眨眼较多，而有的则较少。据我观察，通常眨眼次数减少可能意味着玩家手中的牌较弱；反之，眨眼次数增加则可能表示牌较强。然而，需要注意的是，尽管有研究表明，通常人的眼动频率与撒谎行为存在一定关联，但此类研究结果与扑克玩家行为之间的关联性并不强，因为二者的动机和情绪差异较大。

在放松的状态下，玩家的行为表现可能呈现出多样性和不一致性，这是因为他在这种状态下较为自在，无须关心他人对自己的看法。

例如，在放松时，他的眼球转动的幅度会更大或不变，眨眼的频率也可能增加或不变，行为组合更加具有多样性。而在焦虑时，他为了隐藏或减少自己在威胁面前的存在感，会倾向于将行为限制在更为狭窄的范围内。

所以当你处在等待行动期间，你最需要做的事情就是去对比你的对手玩家拿着弱牌盯着你时和拿着强牌盯着你时的眼睛到底有什么区别。如果你时刻把联系的重要性放在脑海里，你就应该知道其实在大多数马脚面前你都应该这么做。

玩家在拿到弱牌的时候，他的眼球相对而言转动得没有那么灵活，会多一些顿挫感。他的眨眼频率也可能降低，眼睛有明显睁大的倾向。如果你观察某位玩家，发现他在相同情况下拿到弱牌时的表现不具有一致性，那么你就别在他身上观察这个马脚吧，不如把注意力放到其他细节上。

第四章

下注后的马脚

下注后的马脚是指玩家在下注或加注之后展露出来的马脚。我认为，观察下注后对手的马脚相较其等待行动时的马脚更具启发性，所获取的信息也更加准确。

在本书的开篇，我曾引导读者探讨马脚学所承载的科学与玄学特质。现在我可以告诉你，唯独对下注后马脚的研究是具有较高科学性，而且可通过系统步骤较为容易学习的部分。我希望下注后的马脚能够成为你关注的重点。

下注后的马脚也同样是有强牌弱牌之分的。下注行为大致可分为两种情况：一是玩家实施诈唬的策略，二是玩家在进行有价值的下注。然而，无论哪种情况，对手都存在明确的希望，希望你跟注或弃牌。

以下我将按照重要性，对这一阶段的马脚进行逐一阐述。

相较于等待行动期间，下注后底池膨胀了，这一阶段对玩家来说极为关键。特别是在河牌圈，他已经倾尽所有，打光了自己的子弹，交出了自己的底牌，命运的大权已不再握在他的手中。此时，他的行动已经完成，失去了主动权，陷入一种无助的困境，行为也变得更加无意识。毕竟，他此时能做的唯一一件事情就是等待，等待对手的操作，等待命运的最终审判。

第四章 下注后的马脚

马脚属性可视化雷达图

实操难度　　　表演成分

出现频率　　　　　　　　重要程度

准确度　　　阅读难度

弱

下注后的马脚

本部分所描写的下注后的马脚多数反映出玩家持有弱牌，并且希望无人进行跟注。

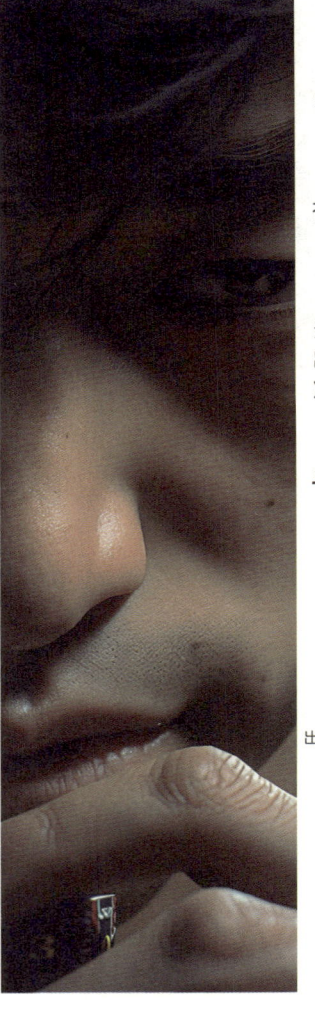

下注后的马脚（弱）

身体僵硬（冻结反应）

有些玩家在诈唬后，身体会比平常更僵硬。

当生物感知到危险时，它的神经系统会迅速作出反应，其中一种反应就是保持静止。这种情况在生物学上被称为"冻结反应"。

马脚属性可视化雷达图

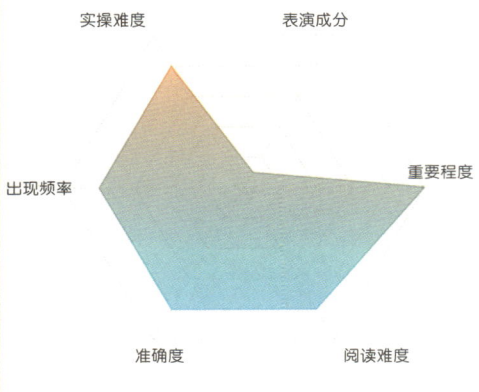

实操难度　　　　表演成分

出现频率　　　　　　　　　重要程度

准确度　　　　阅读难度

"身体僵硬"这个马脚的价值不仅在于它能为你提供准确的信息,还在于它能为你带来巨大的利益。在我看来,这是下注后的马脚里最重要、最有科学性的。

在先前的讨论中,我提到过,当生物感知到危险时,它的神经系统会迅速作出反应,其中一种反应就是保持静止。这种情况在生物学上被称为"冻结反应",是生物在面对恐惧和焦虑时的生理反应。冻结反应的作用在于,它可以让生物在危险面前保持低调,降低被捕食的风险。例如,当猎豹遇到危险时,会立即停止奔跑,装作石头或树干,等待危险过去。

当人在扑克桌上感到焦虑时,也会有这个反应。

人的生理反应是最难以控制的,即便是专业玩家,在没有极为严酷、严谨的科学训练下,也保不齐有些马脚在其还没有意识到的时候就露出来了。

例如,诈唬者通常试图通过微笑、交谈或身体轻微晃动来缓解紧张气氛。然而,你若仔细观察他的手、眼睛或胸部,就会发现它们呈现出紧张状态。他的手往往固定在某一位置,如扑克牌上或桌面上;眼睛显得呆板,几乎不关注周围环境;身体有轻微颤抖等细小动作;眨眼次数减少,或者间隔一段时间才眨眼;呼吸也可能变得更为短促,甚至出现暂停。尽管他力求以轻松的姿态移动身体或环顾四周,但你仍能察觉到他行动的拘束。

案例

盲注 500/1000,前注 3000BB。

前面的玩家弃牌,LSG Hank(花名"拉丝哥")在 HJ(劫持)

位置手持 A♥8♣ 加注到 7000 个筹码，后手筹码量剩余 140 万个；Wesly 在 BTN（庄家）位置手持 A♦K♥ 跟注 7000 个筹码，随后做了 3Bet，后手筹码量剩余 280 万个；Dwan 在 UTG（枪口）位置手持 Q♠Q♣，跟注 2.8 万个筹码，后手筹码量剩余 150 万个。

Dwan 简单思考之后做了 4Bet，拉丝哥跟注后站起来思考了一下就选择了弃牌，此时进入底池的玩家只有 Dwan 和 Wesly。

在这场激烈的扑克游戏中，Wesly 决定继续跟注 7 万个筹码。他深思熟虑了约 30 秒，然后一片一片地拿起自己的筹码，小心翼翼地放在投注区。尽管 Dwan 的筹码量并不占优势，但在经过一番慎重思考后，还是选择跟注。对于 Dwan 来说，如果能够赢得这场比赛，他就有很大的希望提高自己的筹码优势。

翻牌发出了 3♦8♠8♦。

现场 Dwan 的手牌此时并未被放在读牌器上公开，但并不影响翻牌的发出对于 Wesly 来说不利的事实。尽管他自己手里握有大牌，但并未形成任何有竞争力的组合。这让他的处境变得十分艰难，对手的任何一个小对子都可能比他的牌力更强。

Wesly 无法忍受这种不确定性，于是他探头询问 Dwan 还剩下多少后手筹码。Dwan 简单地数了一下，告诉了他答案。面对这个艰难的局面，Wesly 陷入了思考。

在翻牌前，他已经投入了大量的筹码，他的手牌并不弱，但遗憾的是，在翻牌阶段他的牌并无明显优势。然而，这并不意味着他一定会输。在这种情况下，Wesly 决定采取主动，选择下注 12.5 万个筹码，试图引导 Dwan 跟注。

此时的 Wesly 尽管面临困境，但并未动摇信心。他相信自己的牌力，也相信自己的判断。他知道，只有主动出击，才有可能扭转局势。而 Dwan 面对 Wesly 的挑战，也毫不示弱，选择了跟注，展现出他强大的应对能力。

转牌发出 5♠，公共牌为 3♦ 8♠ 8♦ 5♣。

很遗憾，Wesly 没有击中任何组合，这让他的心情多少有些沮丧。然而，作为一名经验丰富的扑克玩家，Wesly 深知此时或许有一个诈唬的好机会。于是，他镇定自若地选择下注 35 万个筹码。这个举动无疑是一个大胆的尝试，他试图通过这个下注，向对手传达出一个信号：他手中有一张强大的牌。

作为读牌大师，Dwan 显然不会轻易上当。在 Wesly 犹豫是否继续下注的过程中，Dwan 紧盯着他，试图从他的表现中解读出更多信息。他或许已经洞察到了一些蛛丝马迹，察觉到 Wesly 手中的牌并非如他所表现的那样强大。他想要确认自己的猜测，看看 Wesly 是否真的拥有一张值得下注的牌。

在这个关键时刻，Wesly 需要做的就是保持镇定，不让自己的心态影响自己的决策。他知道，只有这样才能在比赛中脱颖而出。而 Dwan 也需要作出自己的决策——是跟注还是弃牌，这将决定他在此次比赛中的命运。Dwan 小心翼翼，反复审视 Wesly 达十几次，毕竟这是一个至关重要的决策。不知是深思熟虑还是试图给 Wesly 施加压力，经过近两分钟的权衡，Dwan 选择了跟注。既然尚无定论，不如进入下一个阶段，静待对手露出破绽。

河牌发出一张 6♣，公共牌为 3♦ 8♠ 8♦ 5♣ 6♣。

在这场比赛中，Wesly 手中的 A♦ K♥ 无疑是一手相当具有优势的牌，可是运气明显没有站在 Wesly 这边，一直到转牌圈，Wesly 手中的 A♦ K♥ 都戏剧性地与所有可能的组合失之交臂。与此同时，对手 Dwan 的选择也进一步加剧了 Wesly 的困境。

Dwan 选择过牌，这使得 Wesly 成为焦点，大家都在等待着看他如何应对这个突如其来的挑战。Wesly 此刻的心情无疑十分复杂，他在牌桌上经历过无数次较量，但这次无疑是最为艰难的一次。

Wesly 心中明白，自己已经陷入无法挽回的败局。然而，他始终保持着强势的姿态，从头到尾都在刻意掩饰自己的劣势。他认为，现在正是抓住机遇做诈唬的好时机。

他悄声说出"全下"，试图营造出一种漫不经心的姿态，让对手误以为他信心满满。然而，他的对手 Dwan 并未听清，于是向发牌员求证他是否真的提出了全下。

发牌员确认后，Dwan 露出了难以置信的表情，他再次发问："确定吗？"

当 Dwan 再次得到肯定的答案时，他有些绷不住了。尽管 Dwan 的手牌没有被放在读牌器上，双方胜率暂未可知，但是可以肯定的是，Dwan 一定心中十分确定 Wesly 并没有太多胜算。他一再确认，不敢相信 Wesly 居然会拿鸡蛋碰石头。

Dwan 心中充满了疑惑和不解，无法理解 Wesly 为何会作出这样的决策。这让他感到十分困扰，难道真是自己的判断出错了？他急需找个地方静一静，厘清一下自己的思路。于是，他提出"我得出去走走"，就直接离席了。

此时，Wesly 作出了一个非常离奇的表现：他"扑通"一声趴倒在桌上，仿佛是在发泄自己的情绪，又似乎是在忍受着巨大的痛苦。他的内心也在进行着激烈的斗争，不知道自己是否作出了正确的决定。

Dwan 离开座位，只是走了几步去拿一瓶冰镇矿泉水，希望这能让自己冷静下来。然而，当他回到座位时，看到 Wesly 的举动，他又一次被震惊了。他直接发问："哥们儿，你这是在干啥？"Wesly 不做任何回应，Dwan 自言自语道："挺奇怪的，你这有点可疑了。"

在一片寂静的牌桌上，Wesly 始终保持埋头不说话的姿态，仿佛沉浸在自己的世界里。他的对手 Dwan 则开始觉得这个场景有点好笑，于是兴致勃勃地分析起对局情况，调皮地说道："看来你这手牌可不太好弃掉了呦。"

然而，Wesly 仿佛聋了一般，对 Dwan 的调侃完全置若罔闻。无论 Dwan 说什么、做什么，他都以不变应万变，始终保持沉默。显然如此僵硬的动作更加加重了 Wesly 诈唬的可能性，Dwan 看着一动不动的 Wesly，开始罗列 Wesly 可能持有的各种牌型，试图猜测他的手牌。

Dwan 到底是训练有素的专业玩家，在一番考量之后，他还是选择了跟注。接下来的场景变得极具喜剧性：当 Dwan 刚刚把筹码丢入底池，还没有来得及说出"跟注"的时候，Wesly 立刻抬起脸，露出一副迷茫的表情："啊？跟注了？是跟注了吗？"

　　Dwan 一边收回甩出筹码的手，一边看向 Wesly。一脸"我就静静看着你表演"的表情。

　　这时，Dwan 才把自己的手牌放在读牌器上——原来是一对 Q！他成功拿下了 150 万个筹码的超大底池。Wesly 看到这一幕，无奈极了。"我都把头埋下去了，这哥们儿总不能看到我的表情吧？怎么还是被抓了！"

　　探寻他人马脚的好途径，在于关注其在完全对立的情境下的表现。 在游戏过程中，当玩家手持强牌时，他的身心状态往往会显得较为松弛。若某位玩家持有强牌、身体状态表现出明显的放松，你便可进一步观察他在诈唬时的表现。当你对这些关键时刻研究得越多，所积累的经验越多，你阅读马脚的准确性就会越高。

倘若你观察到一位牌手在手持强牌时倾向于移动双脚，那么当他的腿部和脚部变得僵硬时，无疑暴露出了马脚。

在阅读本书的读者中，相信许多人或其朋友在游戏过程中均有把玩筹码的习惯。此时，请回顾一下，当你作出全下的举动，实则是在诈唬时，你是否仍会把玩筹码？据我观察，至少有 20% 的玩家会在这种情况下暂停手部动作。我曾刻意调整过自己的这一习惯：若底池较小，我或许还无所顾忌（底池较小的时候，我对损失的在意程度较低）；但一旦底池较大，我便坚决遏制自己把玩筹码的冲动。如果你没有足够的自信可以控制自己不在把玩筹码期间暴露出身体僵硬的迹象，那么最好的办法就是压根不要碰筹码。

除此之外，我还建议你重点关注对手的胸部，因为胸腔起伏是人难以控制的生理本能之一。人的许多微反应都与胸腔的起伏有着密切的关联。在情绪有变化或进入沉思时，人的呼吸会发生相应的变化。例如，当面临紧张、焦虑或害怕的情绪时，人会感受到自己的呼吸急促，这使得胸腔起伏得更为显著。而在平和、轻松的状态下，呼吸和胸腔则会保持相对稳定。比如，当孩子在电脑桌前玩游戏时，通常会佝偻着背，胸腔自然下垂。而当看到父母进入房间检查其作业时，他往往会立刻挺直腰背，胸部肌肉紧绷，表现出一种紧张和警觉的姿态，这就是冻结反应的典型动作。

这些细小的发现颇具价值，因为大多数人并未如此在意地关注此类身体部位的僵硬。

引诱出身体僵硬的马脚

想要引诱出这个马脚也很简单,你只需要在自己思索是否需要跟注的期间,把你的手伸向筹码,看对手正在做的动作或手势是否突然变慢或停止。例如,对手可能会停止把玩筹码、停止弹腿或停顿呼吸一两秒。又或者,如果对手正在试图通过与人说话装作放松,你也可以用这个举动来偷偷观察一下他的脸会不会变得僵硬并停止交谈。

设想你正站在马路中央,一辆巨型货车开着炫目的前灯向你驶来,你深知避无可避。在这短暂的几秒钟里,时间仿佛变得非常漫长,你的呼吸和心跳也随之变得极为缓慢。

你要致力于使自己的身体与对手同步,进入同一个频率,努力感知他对你的行动的反应,找出他不想让你发现的紧张。当你能做到时,感觉就像有心灵感应似的。

在某次比赛中我就用这种方式引诱出一个玩家的诈唬马脚。我假装靠近筹码的时候,瞧见他脖子上的动脉莫名地凸起来了。我当然能够想象他那时候所承受的紧张、痛苦、纠结,于是我毫不留情地抓住了他的破绽,让他知道,在战场上,可没那么多温情脉脉!

注意事项

大部分还不错的玩家都有一个策略,那就是不论牌力如何,在下注后都保持沉默,让人读不出他的牌。

国内外顶尖的职业牌手蒲蔚然和 Phil Ivey 便是典型人物(在关键时刻,他们总能在翻牌后保持冷静与克制)。在复杂的对局中,优秀玩家面对同行时尤为如此。而那些业余玩家在对局时则较为放松，不太顾忌透露出信息。因此，在确认某一马脚之前，你应确保其对特定玩家具有实际意义。

  然而，仅有极少数人能够做到这一点。在面对自己的牌较弱时，大多数人难以克服本能的紧张。因此，你所能采取的最佳策略是，有强牌时也保持身体僵硬，诈唬时同样表现出身体僵硬，最好是每手牌都保持僵硬的姿态，装作高手，尽量保持身体稳定，使对手难以洞察你的真实情况。

下注后的马脚（弱）

避免眼神接触

玩家在诈唬时通常不愿直视你的目光，会避免朝你的方向看。

大部分诈唬者在牌局中并不愿意与对手保持眼神交流，与在价值下注时相比，他们在诈唬时与对手眼神接触的次数明显减少。

马脚属性可视化雷达图

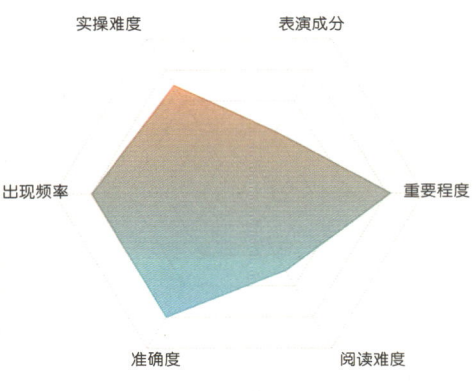

对于诈唬者在扑克游戏中的表现，人们常常会说："诈唬者会死盯着你。"诸多关于扑克技巧的书籍和文章均强调了这一点。然而，实际情况并非如此。根据我的经验，大部分诈唬者在牌局中并不愿意与对手保持眼神交流，与在价值下注时相比，他们在诈唬时与对手眼神接触的次数明显减少。尽管部分诈唬者会关注你，但他们的眼神停留时间短暂，可能还伴随着难以察觉的面部微表情和语气平和的言辞。

在无限注德州扑克中，当对手作出较大下注，我尚不确定如何应对时，我通常会选择暂时等待，寻找潜在线索。持有强牌的玩家往往会有意无意地与我互动，如暗自警觉地盯着我，或不加掩饰地观察我，或展开交谈，或表现出放松的身体姿态。若我在等待一段时间后，未见到对手任何放松的迹象，我会认为对手诈唬的可能性很大。若对手在下注后，刻意避免与我对视（假设我已了解他在价值下注时喜欢注视我），那么他很可能正在实施诈唬策略。

因此，我在此提醒各位，切勿死读书，将书籍中的内容生搬硬套。尽管我曾提及，若一个玩家在下注后出现冻结反应，则几乎可判断其牌力较弱，然而，具体情况仍需观察该玩家是有意识还是无意识地表现出这种反应。若是有意识行为，那么这显然是一种伪装；若是无意识行为，你才有机会准确判断其牌力。

总之，我对马脚学的理解与孙子兵法相似，均倾向于避战，倾向于 GTO，倾向于"先为不可胜"。因此，当你不确定马脚的准确性时要倾向于不予采信，我曾经在 B 站上讲过一次"孙子兵法与德州扑克"的公开课，颇受好评。对此感兴趣的朋友，可联系我的客服 vx dzbest168 获取相关视频。我个人认为，孙子兵法中的道理将有助于提升你对德州扑克这个游戏的认知。

注意事项

在游戏过程中，参与者需根据自身手牌及对手行为来作出相应决策。决策过程往往充满变数与不确定性，因此，把握决策时机至关重要。但是我仍需明确，不宜在每轮行动时都过度拖延。过长的思考时间不仅可能暴露你的策略，还给对手可乘之机。然而，在面对大底池时，适当延长停顿时间有时能有助于你搜集到有价值的信息，特别是在对手下大注以后。

持有优势牌的玩家在这种情况下可能表现出不满与懊恼。这种情绪的产生，可能是由于你花费了太多时间，让他们感到不耐烦；或者由于他们不喜欢被你深入研究，感觉隐私受到侵犯。此时，他们可能开始坦然地注视你，甚至展示出敌对表情。许多人将他人解读自己视为人身攻击，认为这是对自己的一种侮辱。然而，事实上当他们因被解读而愤怒时，情绪和行为往往会出现变化，从而露出马脚。

颇具讽刺意味的是，这种情况反而可能让他们更易被解读。此外，投注者表现出的愤怒也是一个有用的信息。在游戏中，诈唬者较小概率地暴露自己的情绪，力求保持冷静。当你观察到对手因你的决策而愤怒时，说明他可能存在担忧，害怕自己的策略被你洞悉，但由于家底丰厚，并没有把担忧的情绪升级成恐惧。

先前提及，尽管本章主要探讨下注后常见的马脚，但仍需注意部分人在持有优势牌时可能呈现相反倾向，避免眼神交流。关于此类行为，后续章节将作进一步阐述。此外，后文还将介绍如何运用特定方法与对手互动，进而诱导出他的此类马脚。

第四章 下注后的马脚

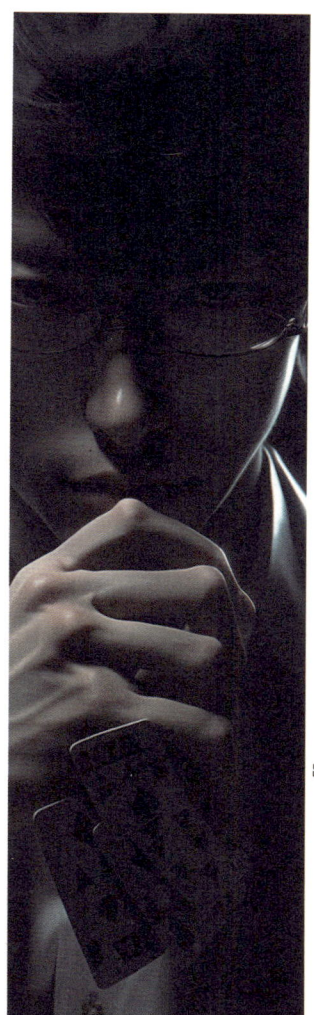

下注后的马脚（弱）

保持安静

许多玩家在诈唬后会非常安静。

为了更好地实现诈唬目的，玩家会尽量让自己保持低调，避免成为对手关注的焦点。在这个过程中，保持安静就成为一种重要的策略。

马脚属性可视化雷达图

实操难度　　　　表演成分

出现频率　　　　　　　　　　重要程度

准确度　　　　阅读难度

在扑克游戏中，诈唬者容易暴露自己的弱点。诈唬者通常会高度焦虑，不想引起其他玩家的注意。这种焦虑源于他们需要掩饰自己的真实意图，同时又担心被对手识破。

为了更好地实现诈唬目的，玩家会尽量让自己保持低调，避免成为对手关注的焦点。在这个过程中，保持安静就成为一种重要的策略。玩家通过保持安静，尽量不暴露自己的情感和意图，从而为自己争取更多的思考和操作空间。

然而，过度保持安静可能会导致另一个问题，那就是诈唬者的行为显得过于僵硬。这是因为他们在努力控制自己的言行，以免暴露意图。这个马脚和上文提到的诈唬者身体僵硬很有关系。

在观察玩家时，与前一策略相似，首先需关注玩家在持有优势牌时的反应，以确立他们在放松状态下的行为基准。然后在此基础上，识别出他们在诈唬时行为上的差异。

这个方法针对爱说话的玩家最有用，这些人往往在参与一手牌时，表现得过于活跃和健谈。他们可能还没有意识到，自己在牌桌上的言行举止已经暴露了他们手中的牌力。许多人在拥有强牌时絮絮叨叨，而在诈唬时则三缄其口，这主要是因为他们在持有强牌时自信心爆棚，希望通过交流来展示自己的实力。而在诈唬时，他们担心自己的话语会暴露其意图，因此选择保持安静。

此类行为的差异有时显著得令你惊讶，甚至令你自我怀疑是否落入陷阱，然而最终发现，实际上陷阱的概率远低于你的想象。若你在多手牌局中观察到玩家言语与牌力之间的联系，便能更加确信此为真实线索。你要相信大部分人都会在一定程度上忽略他人对自己的观察和注意。他们可能在牌桌上过于随意，忘记了周围的人正在密切关注着他们的每个举动。

有时候，某些健谈的玩家在诈唬时，会采取一种策略：故意与旁人交谈，以表现出一副轻松自然的姿态。他们在交谈过程中，面部也会呈现出放松的微笑。然而，这种表现实际上是不正常的。相较之下，这些玩家在与他人真实交谈时的专注程度和自然程度均会显得较低。在面对这种情况时，要想准确地读取玩家的牌，就必须充分研究玩家的特点及他们所表现出的放松程度。

在研究这一马脚时，令我印象最深刻的人就是曾获得国家杯棋牌职业大师赛冠军的翟一夫。他在牌局中不习惯保持安静，他的语言输出十分密集，但你难以从中洞察到他的思路。如果不了解他的背景，你可能会误以为他经历过长期专业的训练。

翟一夫的家庭环境与众不同。他的父母经营着一家麻将馆，那里人际交往频繁，天天都有人在那儿搓麻将，聊天儿。他从小就听那些叔叔伯伯说各种神奇的事儿，在看似平凡无奇的麻将馆里，翟一夫见证了江湖百态（当然大多数江湖故事纯属虚构，俗称"吹牛"）。有时候，听到有人喊"三缺一"，翟一夫就赶紧跑过去顶上。他从小就懂得观察人，看人的表情、动作，就能猜出个大概。慢慢地，他练出了看穿别人心思的本事。当翟一夫初次接触德州扑克时，别人都只是把他当新手对待，其实他早就把别人看透了。

当然，这个故事是大家口耳相传的，我真心希望是假的，这样我还有点希望下次见到翟一夫时问问他，除了自幼培养的优势外，是不是还有什么秘诀能学学。毕竟现在看来我家小时候没这条件，而且想回也回不去了，还是给我来点实用的"涨分秘诀"比较靠谱。

引诱出这个马脚

在游戏过程中，多数玩家并不擅长言辞，然而他们偶尔的发言却能够为我们提供珍贵的线索。与之前的观察相同，对手在下注后短暂停顿，有时还会与他人展开语言交流，若你擅长观察，便能捕捉到这个马脚。部分手持优势牌的对手，在看到你犹豫不决时，可能难以抑制与你交谈的冲动。他们可能不自觉地说出诸如"你手中是否有牌？"或"抉择困难，没错吧？"等言语。相反，如果没有人怂恿的话，大部分玩家在诈唬时会相当沉默，毕竟保持低调是最安全的策略。

一些优秀的玩家在对手刚刚下注后，会向对手提问，试图从中获取有价值的信息。他们深知，对手的言语和眼神都可能蕴含着丰富的信息。他们擅长用轻松的语气，让对手在不知不觉中放松警惕，进而露出破绽。

关于这方面的内容在后文有更详细的介绍。

注意事项

在游戏难度较高的情况下，不论手握什么牌，优秀玩家在下注之后都会保持安静。然而，在与水平较低的玩家对战时，优秀玩家更倾向于运用智谋引诱对手说话。他们深知自身在牌桌上的形象，并且具备有效操控对手的能力。

第四章 下注后的马脚

下注后的马脚（弱）

下注后向下看

有些玩家会在诈唬时或诈唬后，马上低头向下看一会儿。

这种行为可能是撒谎者转移注意力的一种方式，暂时避开其他人的目光，以缓解内心的压力。

马脚属性可视化雷达图

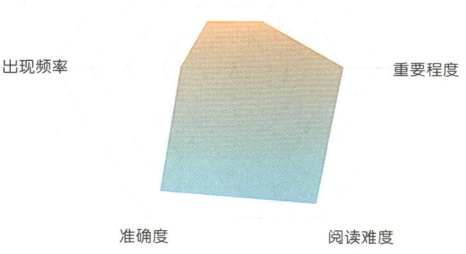

实操难度
表演成分
出现频率
重要程度
准确度
阅读难度

人类在日常生活中，一种普遍存在的本能行为便是撒谎后低头看向地面。这种本能反应似乎深植于人类基因中，无论年龄、性别、文化背景如何，皆无法摆脱。低头看地面是一种试图逃避现实、掩饰内心情绪的举动。同时，这种行为也可能是撒谎者转移注意力的一种方式，暂时避开其他人的目光，以缓解内心的压力。这种看似微不足道的本能反应，实际上掩藏着诸多值得我们深入探讨的潜在信息。

需要明确的是，这个马脚主要发生在下注期间或刚下注后。这时，玩家往往会有一个不自然的低头动作，目光向下，朝着筹码的方向。这种向下的瞥视通常会持续一两秒，有时可能更长。值得注意的是，这种动作有时并不明显，转瞬即逝，以至于不易被察觉。例如，玩家的头可能不会明显动，但眼睛在下注时会向下看。

上图这位玩家正在下注。当他拿出筹码时他的头有片刻朝下，好像在看自己的大腿。这个动作很快，不会持续很久，通常表示这个玩家在诈唬。

我认为这个马脚的真正价值在于，大部分人并不认为这是该玩家心虚的表现，相对而言并未引起广泛关注，因此玩家在作出此类举动时并不会加以掩藏。

在多数情况下，我会同时关注各种马脚。一个玩家在河牌圈下注，并在下注过程中迅速低头瞥了一眼，接着将目光重新聚焦在公共牌上，保持僵硬的视线，无任何移动。经过几秒钟的观察，我发现他并未将视线投向我。综合上述马脚，我判断该玩家很可能正在实施诈唬策略。

下注后的马脚（弱）

面露微笑

微笑并非单一的表情，而是包含着多种类型。

人们在扑克桌上展现多样的笑容，背后存在诸多原因。无论是真实笑容还是掩饰性的假笑，其本身并无好坏之分。

马脚属性可视化雷达图

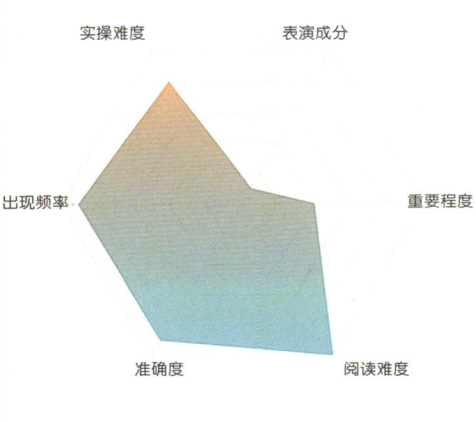

实操难度　表演成分
出现频率　　　　重要程度
准确度　阅读难度

假笑

玩家在假笑时，更有可能持有的是弱牌，而不是强牌。

微笑，这个看似简单却蕴含着丰富内涵的面部表情，作为玩家表达内心情感的方式，远比人们所看到的更为复杂。心理学大师保罗·埃克曼在《谎言》一书中，揭示了微笑的神秘面纱，指出它是面部表情中最容易被低估的一种。微笑并非单一的表情，而是包含着多种类型，每种微笑的外观和所传递的信息都有所不同，其内涵远比人们所认识的更为丰富。

此外，微笑的表现和含义受到文化、地域、性格等多种因素的影响。在不同文化背景下，微笑的含义有所差异。在我国，微笑通常是友善、礼貌的象征；而在某些西方国家，微笑可能被认为是软弱或缺乏自信的表现。因此，要想准确解读微笑背后的含义，需结合具体的文化背景和情境。

埃克曼在书中详细阐述了各类微笑的特点，以及它们之间微妙的区别。若对此话题感兴趣，我极力推荐你阅读这部佳作。

书中有一段很有趣的描述：

"人们可以伪造任何情绪来掩饰其他情绪。微笑是最常被使用的面具……经常使用它，是因为许多欺骗的情绪都需要用到不同的快乐信息……微笑的面具如此流行的另一个原因是，这是最容易作出的表达情感的面部表情。"

人们在扑克桌上展现多样的笑容，背后存在诸多原因。有些人是为了掩饰情绪而笑，有些人则是因焦虑而笑，还有些人是为了释放压力而笑。无论是真实笑容还是掩饰性的假笑，其本身并无好坏之分。辨别这些笑容的真伪有时颇为简易，有时则异常困难。部分心理学家认为，在人类的进化过程中，大部分人难以区分真假笑容，因为在社交场合中，若能被虚假的笑容"蒙蔽"，便可避免更多的冲突。若每个人都能够轻易识别出他人的妥协或仅出于自私动机而表现出的友善，那么人际关系和社交的稳定性将受到严重影响。

我当然不是识别真笑和假笑的专家，就算我是，我也并不会在书中教授你这个技巧。不过，我可以简要地与你分享一下，在扑克牌桌上，我是如何运用微笑来达到自己的目的的。

与常识相悖的是，真笑不只是需要调动嘴巴和脸颊，还要调动眼睛，并且眼睛是判断笑容真挚与否的关键部位。

埃克曼是这样描述真诚的微笑的：

"肌肉（颧骨大肌）还会伸展到嘴唇，向上拉伸脸颊，包裹眼睛下方的皮肤会在眼角产生鱼尾纹。"

真实笑容与虚假笑容所调动的肌肉截然不同。假笑非发自内心，而是人有意识地控制嘴周围的肌肉。此时，眼周不会出现皱纹，脸颊的提升程度也相对较小。

或许换一种表达更好理解：真笑是你的嘴角周围和上方的肌肉向上提拉，使得你的嘴角呈现上扬的状态，眼角的皱纹和鱼尾纹也会随之显现；而假笑则调动的是你的嘴角周围和下方的肌肉，为了表现出上扬的嘴角而硬生生地向上推动你的嘴角。

另一个显著的差异在于，虚假笑容的不对称性特征表现得尤为明显。当微笑呈现出偏向一侧的现象（如左侧笑容的幅度大于右侧），则有必要对其真实性产生怀疑。然而，随着现代人工作和生活习惯的改变，如跷二郎腿和侧睡等，也可能会导致面部表情不对称，进而影响微笑时的面部对称性。因此，在运用这一特征来判断真实笑容与虚假笑容之前，建议还是观察一下对方在放松状态下的笑容更为稳妥。

在参与关键的底池争夺时，参与者们的面部表情通常不易被察觉，无论是真实笑容还是虚假笑容。然而，在一定程度上仍可观察到他们情绪的流露。或许有人在击中大牌时，无法抑制内心的喜悦，嘴角便会绽放出灿烂的笑容，甚至开始与周围的人戏谑调侃。又或许有人原本手握好牌，在听闻有趣的事情时，不禁露出真正放松的笑声。而那些牌势较弱的人在听到搞笑内容时，会试图通过笑声或微笑来使自己表现得更自然些。

人类面部表情丰富多样，其背后隐藏着深刻的心理及生理原理。若想进一步探索人类表情之奥秘，我建议你参阅相关领域的著作，并且在实际生活中加以细致观察。市面上有诸多关于面部表情、身体语言及心理学方面的书籍，如埃克曼先生的《谎言》以及姜振宇老师的《微表情》等。

在现实生活中，观察他人面部表情也是提升自己表情识别能力的有效途径。比如，你在开会的时候，仔细观察每个人的笑容，你会发现大部分人的笑容都是装出来的。

浅笑

有些玩家喜欢在诈唬时或诈唬后露出傲慢的浅笑。

你在实施一次大胆诈唬后，是否曾感受到面部不由自主地浮现出一丝微笑？这种微笑并不夸张或明显，仅仅是嘴角微微上扬，仿佛在暗示"我丝毫不担忧"。然而，实际上你内心充满恐惧，你担心有人会跟注你，你的微笑暴露了你的心态。你试图掩饰，但为时已晚，微笑已悄然浮现在你脸上，强行收敛反而显得尴尬。

在我过往的生活中，我曾经多次经历过这种情境，我知道许多人也有过相似的体验。无论是在日常社交场合中，还是在重要的工作会议上，我都曾观察到人们在不同层次的互动中展现出这种笑容。

浅笑，这个看似简单的动作，其实背后隐藏着许多微妙的心理变化。它通常并不是人们为了取悦他人而刻意表演出来的，相反，它更像一种本能的紧张反应。当人们感到不安或意识到自己的弱点时，往往会用微笑来掩饰内心的焦虑。这种微笑，我们称为"激进者的浅笑"。

值得注意的是，这种微笑往往是转瞬即逝的。当人们意识到自己的微笑可能引起误解或显得不自然时，会迅速地收敛笑容，试图恢复正常表情。这种快速的变化，恰恰反映了人们内心的复杂情感和自我保护的本能。

上图中的那位女士刚刚下注,她的脸上有一个很浅的微笑。玩家在下注后作出这种浅笑,往往表示其在诈唬。

另外,傲慢的浅笑与真诚的微笑之间的差别并不难以辨识,后者往往幅度更大且更为真挚(在前文中,我们探讨了人真正放松时是如何展现微笑的)。两者间最关键的区别在于,傲慢的浅笑通常在没有明显理由的情况下出现,或许是源于个人内心的自负,或许是对他人行为的轻视。这种微笑在一定程度上是一种自我防御机制,使自己在面对弱势情形时能够维持心理上的优势。傲慢的浅笑是人在处于弱势时自然产生的本能反应。

相较之下,真诚的微笑通常由具体的事件触发,如他人开了个玩笑、发生有趣的事情或者与朋友重逢等。真诚的微笑传达了人们内心的喜悦和善意,是一种积极的情感表达。

有时,人的各种微笑之间的差异微乎其微。对面部表情了解得越深入,就越能敏锐地捕捉到对手心里的真实想法。

下注后的马脚（弱）

安抚对手

玩家在诈唬后往往会通过行动或言语来安抚对手。

诈唬者唯一的目的是使对手离开。他通过下注来传达自己的意图，并避免任何形式的对话或身体语言的交流，以免引起他人的警觉或不满。他尽力避免任何可能冒犯对手的行为或言语。

马脚属性可视化雷达图

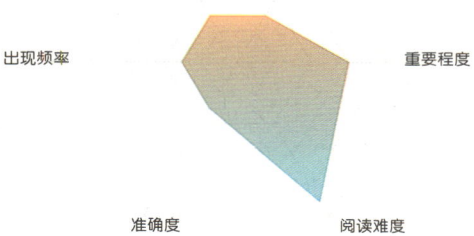

实操难度　　　　表演成分

出现频率　　　　　　　　重要程度

准确度　　　　阅读难度

安抚的行动或语言

很多马脚学的书籍说,诈唬者往往通过行动或言语来安抚对手,然而,这种策略在我看来,准确率有限。

"安抚"这一术语指的是旨在平息可能出现的冲突或敌对交流的身体语言或言语。诈唬者唯一的目的是使对手离开。他通过下注来传达自己的意图,并避免任何形式的对话或身体语言的交流,以免引起他人的不满或愤怒。他尽力避免任何可能冒犯对手的行为或言语。

把诈唬你的对手想象成一条惊慌失措的小狗,当一条威风凛凛的大狗朝它逼近时,它很清楚自己必须面对。它鼓足勇气,挺直脊背,展现出毫不畏惧的自信。在这场生存游戏中,躲避就意味着被淘汰。于是它小心翼翼地低下头,避开大狗凌厉的眼神,留心它的每个动作,以免挑起争端。它的目的很简单:保住小命,绝不进行无谓的战斗。为了达到这个目的,它谨记保持安静、保持僵硬和避免眼神接触这三大要诀,这些是它用来避免自己被对手视为威胁的法宝,也是它露出的马脚。

根据我个人的经历和见解,"安抚的行动或语言"这种马脚的准确性实则相当一般。我曾在某次竞赛中遇见一位选手,他在下注之后,立即表现得颇为诚恳地说:"兄弟别跟,我真有牌,真的有牌!"结果他真的有坚果牌。

这个马脚准确性不高的原因,主要有两个。第一,这是有意识的行为,他本来可以选择保持沉默,但偏偏告诉别人自己手里有好牌。反过来想,如果他真的手里有坚果牌,那应该期待别人跟注,而不是担心被别人压制。所以，这种劝说行为让人有点怀疑，好像有点问题。

第二，我认为是我最近才领悟到的，那就是当一个玩家能够在这种情况下谈笑风生，往往代表他的心态是极其轻松的。这也说明这个底池对他来说没有那么重要。

就像你手握那种超级好牌的时候，你肯定不会说"别跟我啊，兄弟"，你要是说出这种话，那么大概率是你手上的牌也就那样，就是那种想吓唬别人的中等偏上一点的牌。

在我看来，分辨这个马脚的关键是判断对手在作出安抚行动时是有意识的还是无意识的。在文化比较开放的国家中氛围比较轻松的家庭牌局上，露出此马脚大多是无意识的行为，玩家大概率手持的是弱牌。

准确率不高不应该是你放弃研究这个马脚的理由。其实在我职业生涯前期的相当长一段时间内，我一直觉得马脚学没啥大用，因为它的概念太模糊了。但现在每次线下比赛前，我都会翻翻马脚学的那些经典书。这些书大部分都挺薄的，读起来很方便。要是比赛前一晚，你躺在床上翻来覆去睡不着，想学GTO，或者背那些标准的打法表，那肯定来不及了。但读马脚学的书就不一样了，效果立竿见影。

安抚的微笑

微笑，在德州扑克桌上蕴含着丰富的情感内涵。它不仅代表着愉快、友好和善意，还是一种极具智慧的安抚行为。

诈唬者在面对对手的问题或注视时，可能会露出一种微笑。这种微笑并非出自内心的真实感受，而是一种策略，旨在缓解对手的攻击性，使对手放松警惕。

值得注意的是，这种微笑并不真实，有时会偏向脸的一侧，显示出一种虚假的痕迹，有人将这种微笑称为"傻笑"。它之所以出现，是因为诈唬者在紧张的情况下，试图通过微笑来掩饰自己内心的不安。从这个角度来看，微笑承载着诈唬者内心的焦虑，想要努力避免引起他人的警觉。

通常，当一个玩家面对一个直截了当的问题不想回答时，会展现出一丝安抚的微笑。例如，当有人问他"哥们儿，你是不是有顶对"时，他不知如何回应，就会露出一个奇特而友好的笑容，想蒙混过关。

有时候，当你专注地看着一个正在下注的玩家，想跟他聊天的时候，他会立刻看你一眼，然后紧张地笑一下，接着马上就把目光移开。这也是一种安抚的微笑。

对愤怒或激进的反应

诈唬者并不常发表激进或具有敌意的言论，即便他人对其进行侮辱或投以敌视的目光，他也能忍受并努力保持冷静，甚至表现出友好的一面。

你应关注拥有强牌的下注者，观察他们在不畏惧与对手互动时的表现和他们不想吸引别人注意力时的表现，认真对比一下，看看到底有什么不一样。

请谨记，安抚的微笑和行为并不会过于戏剧化——玩家的初衷仅仅是化解冲突。安抚行为通常表现为一种温和、平缓的姿态，旨在缓解紧张、焦虑或不安的情绪。其最为显著的特征，便是避免冲突。

安抚行为可以通过多种方式表现出来，如倾听、安慰、支持和鼓励等。它并非针对问题或矛盾直接加以解决，而是一种间接的、情绪上的调节和安抚。

引诱对手露出马脚

在游戏中，有一类特殊的玩家，他们热衷于搜寻并利用各种信息，以达到操控和欺骗他人的目的。这类玩家往往善于捕捉细节、洞察人心，从而找到机会取得胜利。我在前文户已经对这种现象进行了详细介绍。

如果你想在游戏中引诱这类玩家露出马脚，有效地识别并加以应对，那么与他们对战时，务必运用一定的沟通技巧。

首先，你可以直接注视他们，观察他们的反应。人们在面对长时间的眼神交流时，往往会产生不适感。这个方法有助于揭示他们内心的紧张或不安。

其次，你可以通过提问的方式，诱导他们透露更多信息。聪明的问题能让他们暴露出自己的思路和策略，从而为你的对策提供依据。同时，注意观察他们在回答问题时的小动作，比如犹豫、回避等，这些都可能是他们心虚的表现。

此外，你还可以尝试表达一些敌意，看看他们的反应。有些人会在压力下变得焦躁不安，言行举止暴露出破绽。但你要注意，过度挑衅可能会引起他们的警觉，反而不利于找出他们的弱点。

第四章 下注后的马脚

下注后的马脚（弱）

盯着公共牌

一些拿着弱牌的玩家在下注后，喜欢盯着公共牌。

绝大多数玩家认为，诈唬后盯着公共牌是最安全的。你需要进一步观察玩家在不同情况下的表现，找到马脚与玩家的行为的联系。

马脚属性可视化雷达图

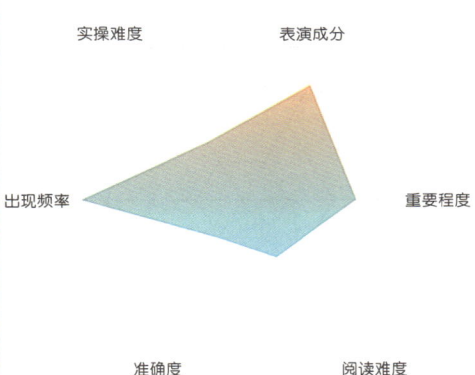

实操难度
表演成分
出现频率
重要程度
准确度
阅读难度

仅仅发现马脚并不能帮助你准确判断出特定玩家的牌力，你需要进一步观察其在不同情况下的表现，找到马脚与其行为的联系。

在下注后，一些玩家（包括许多优秀玩家）无论牌力强弱，都会盯着公共牌。这种行为本身就具有一定的迷惑性，因为它可能掩盖了玩家真实的牌力。这就是为什么相同的马脚，在下注后出现时，其可靠性并不如在等待行动时出现那么高。

此外，有时我们还会看到，在下注后，一些玩家会露出令人发笑的表情，好像在桌上发现了什么有趣的东西。这是一种典型的牌弱表现。这是因为，当玩家发现自己的牌力不强时，他们可能试图通过这种方式来掩饰自己的焦虑和紧张。

虽然很多人都会露出这个马脚，但我觉得它并不是很准。就我来说，我无论是在诈唬还是在非诈唬的时候总是忍不住盯着公共牌，因为感觉看其他哪儿都不对劲，尤其是看别人眼睛的时候，总怕自己显得太有攻击性或者让人看出马脚。所以从这个角度而言，我觉得这个马脚的权重应该再降低点儿，毕竟我自己都经常这么做。

下注后的马脚（弱）

威胁要亮牌

当玩家面对可能跟注的对手表现出好像要亮牌的样子时，通常他的牌很弱。

当一个玩家已下注，另一个玩家欲跟注时，下注者常常以近乎威胁的方式，暗示要亮出手中的牌。

马脚属性可视化雷达图

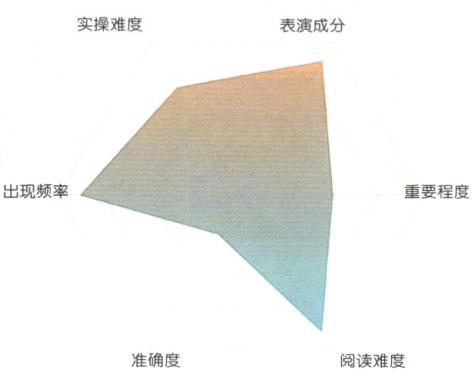

- 实操难度
- 表演成分
- 重要程度
- 阅读难度
- 准确度
- 出现频率

在较低级别的游戏中，威胁要亮牌是一种显著的结束行动的马脚。当一个玩家已下注，另一个玩家欲跟注时，下注者常常以近乎威胁的方式，暗示要亮出手中的牌。这种行为犹如美国西部电影中的场景：一个角色准备拔枪（跟注），另一个角色则伸手去拿自己的枪（威胁要亮牌）。

然而，这种马脚的表现形式往往很微妙。有时，诈唬者会在对手即将跟注之际，将牌几乎要从桌面上拿起来，仿佛准备亮出手中的牌。

上图中左边的玩家刚刚诈唬下注了。为了阻止对手跟注，他拿着牌，一副准备随时亮牌的样子。

部分玩家在认为自己即将遭到其他玩家的跟注时，在他们的策略库中，究竟还保留着哪些战术呢？他们可以选择表现出信心满满，以一副势在必赢的姿态作势亮牌。这种做法无可厚非，因为这是最后的希望了。然而，倘若他们手中确实持有优势牌，还会如此卖力地传递自信的信号吗？答案恐怕是否定的。

在某些情况下，你可尝试作出某个动作，如伸手拿筹码，表现出欲跟进的样子，以此诱导对手露出破绽。关于此策略的详细阐述，请参见后文。

相似却意义截然不同的马脚如下：在游戏过程中，玩家在下注之后，将牌高举至眼前，仿佛欲展示给身后之人。这种行为反映出玩家手中持有强牌，而非诈唬。这种马脚表现为姿态放松，与真正威胁要亮牌的马脚的紧张神情形成鲜明对比。

马脚学的教材和相关资料普遍认为，此种马脚的准确性相对较高。这是因为，当一个玩家刻意呈现亮牌姿态时，他往往是为了误导对手，掩饰其真实牌力。然而，尽管马脚学在很大程度上适用于全球玩家，但如果你的对手是中国玩家，你想要在实际牌局中使用这个方法，其准确性却值得商榷。

因为相较于欧美玩家，中国玩家通常更委婉、含蓄。在游戏中，他们重视心理战术和策略，不会明确暗示或反面暗示自身牌力，而是通过细微的动作和表情传递信息。他们在牌桌上不会直接展示牌力强弱，而会选择其他方式来暗示对手。这种独特的文化背景和游戏风格导致他们在游戏中表现出的马脚，可能与实际情况存在偏差。以我的经验来看，这个马脚在中国并不适用。

下注后的马脚（弱）

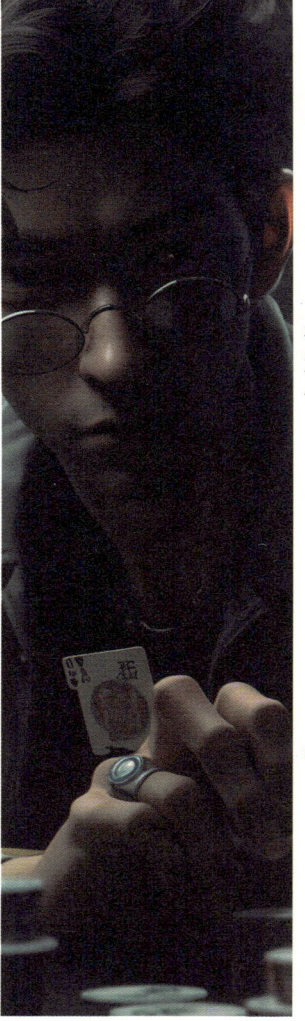

说服你不要跟注

有时候，玩家在穷途末路时，会试图说服你不要跟注。

在诈唬者察觉到你打算跟注，意识到自身处境岌岌可危之际，他可能会采取一定的策略试图说服你放弃跟注。

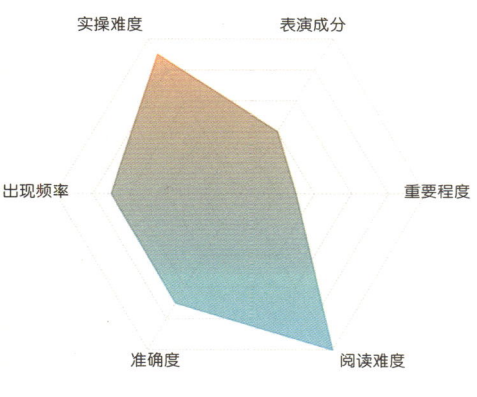

马脚属性可视化雷达图

实操难度　表演成分
出现频率　　　　重要程度
准确度　　阅读难度

试图说服你不要跟注这种情况在扑克游戏中相当常见，尤其是当诈唬者手中持有弱牌时，他可能会试图通过各种手段来诱导你放弃跟注，从而为自己争取更大的胜算。

　　例如，他会说："你确定要跟注吗？""兄弟，还是弃牌吧，我得告诉你，我手握好牌。"如果对手在日常游戏中通常保持沉默，而此刻却突然变得异常热衷于交流，那么这很可能就是一个明显的马脚。真正持有好牌的玩家通常会保持冷静和沉默，以便在关键时刻给你制造压力。

　　这个马脚其实就是玩家威胁要亮牌的另一种表现形式。无论是威胁要亮牌还是用言语说服你不要跟注，本质上都是拿到弱牌的玩家在穷途末路时设法改变你的跟注想法而已。在这种情况下，捕捉这个马脚就显得尤为重要，因为这能帮助你避免作出错误的决策。

　　然而，值得注意的是，这个马脚虽然通常是非常容易捕捉到的，但是作用非常有限。因为通常你在听到这句话的时候你的手已经把筹码的一半推进了底池。

下注后的马脚（弱）

以防御的姿势抓筹码

手持弱牌的玩家更倾向于用一种防御的姿势抓筹码。

经验丰富的玩家通常会用不易察觉的方式露出这个马脚。越是细微的动作，表演的成分越少。这是人类面对威胁时身体作出的本能反应。

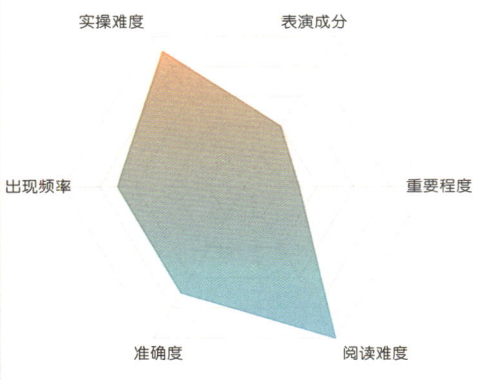

马脚属性可视化雷达图

（雷达图维度：实操难度、表演成分、重要程度、阅读难度、准确度、出现频率）

"以防御的姿势抓筹码"与之前所述的马脚相似,但这是在下注之后的马脚,而非等待行动时的马脚。建议你参阅相关章节,以回顾更多细节。

这个马脚的要点在于,玩家下注后威胁般地抓住筹码。这时,玩家会紧紧抓住筹码,表现出一种会追加的紧张气氛。这种行为有时会让人误以为他手中持有强牌。采取这种行为的玩家,要么手中的牌力较弱,希望通过威胁来吓退对手;要么就是在用中等牌下注,试图用这种方式使对手不要再加注。

在下注之后,受底池大等因素的影响,这种马脚出现的概率相较于等待行动时明显降低。此外,在等待行动的过程中,玩家拥有更多时间进行思考与观察,因此较不易暴露此种马脚。然而,在下注之后,玩家的心态及行为易受紧张情绪所影响,从而更可能显现出这种马脚。

下注后的马脚（弱）

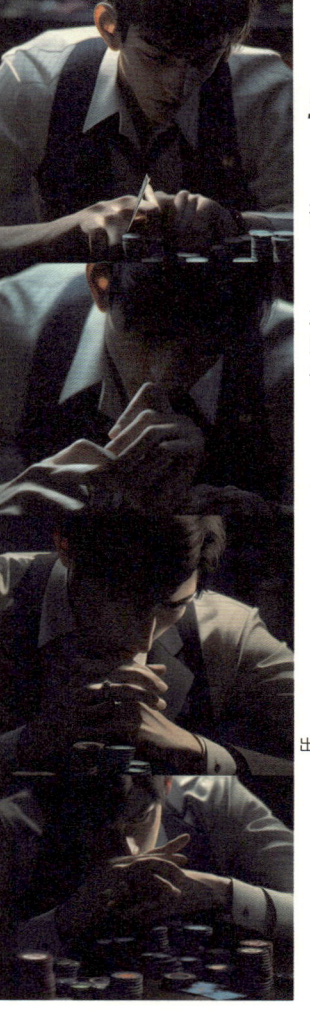

坐立不安

有少数玩家在诈唬时更加好动。

大家都知道身体僵硬代表着什么，所以有些玩家在诈唬的时候，便会自作聪明地做点什么动作，以避免身体僵硬。

马脚属性可视化雷达图

实操难度
表演成分
出现频率
重要程度
准确度
阅读难度

第四章 下注后的马脚

有些玩家在诈唬时表现得坐立不安，神态异常。这类玩家并不常见，但他们确实存在。识别出这类玩家的重要性不言而喻。知道并留意这类玩家的存在，当你看到他们时，马上就能识别出来。

大家都知道身体僵硬代表着什么，所以有些玩家在自己身体僵硬的时候，会直觉地想要摆脱这种尴尬的状况，努力调动自己的身体，以免泄露内心的秘密。一些玩家在诈唬时，会自作聪明地做一些动作来掩饰自己的紧张。

这些玩家可能会不自觉地动动手或动动脸，甚至四处张望，试图让自己看起来很放松。他们的目的很简单，就是避免让对手察觉到自己的紧张情绪。有趣的是，有相当一部分玩家会表现出极端的行为，他们的动作过于频繁，让人不禁怀疑他们是否患上了多动症。

然而，这样做往往适得其反。这些极端的行为，其实正是玩家内心不安的写照。

不用担心你识别不出来这个马脚，这类玩家通常都有这样的特征：他们在诈唬后，全身上下都表现出紧张不安。然而在价值下注后，他们大概率会选择保持沉默和身体僵硬，不再主动挑衅，以此来掩饰自己的真实意图。

有一个未经证实的理论，那就是采用 ABC 策略的紧玩家（描述一个玩家基础知识扎实，并且策略简单朴实，区别于"花式打法综合征"的玩家）更容易出现这种马脚。这些玩家可能具有一定的经验，知道标准的诈唬的马脚是什么，因此会努力反其道而行之。然而，由于他们诈唬的次数并不多，所以在实际操作中往往会显得身体僵硬和不自然，甚至有可能弄巧成拙，画虎不成反类犬，最终暴露了自己的真实意图。

案例

我在某平台上偶然刷到了这样一个视频：一个工程监管团队在工地现场，一位领导正在听下属汇报工程进展。那个下属尽管在汇报工程进度时满脸堆笑，努力展现出一种卑微的讨好，但因工程质量实在令人咋舌，领导忍无可忍，终于爆发了。他怒气冲冲地喊道："就这质量？！你干脆明天别来了！"一刹那，下属脸上的笑容凝固了，仿佛从温暖的春天一下子跌入冰冷的寒冬。如果他当时是坐在椅子上，而不是行走着，我敢打赌，你绝对能从这位下属身上感受到一种强烈的"坐立不安"的情绪。

第四章 下注后的马脚

下注后的马脚（弱）
把手放到嘴旁边

玩家把手放到嘴旁边，可能是在诈唬，也有可能在隐藏大牌。

当你笃定这个马脚与某位特定玩家的行为之间具有联系的时候，这个马脚所带来的价值是远超你的想象的。

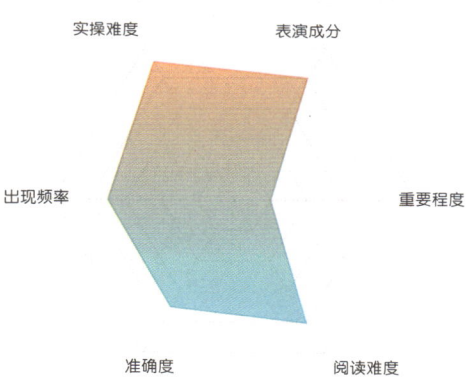

马脚属性可视化雷达图

实操难度　　表演成分

出现频率　　　　　　　　重要程度

准确度　　阅读难度

Mike Caro 曾提及这一马脚。他发现，这一马脚与诈唬的关联程度远大于价值下注。我将其归类为有弱牌的表现，也正是因为这种发现。在我看来，这种行为通常与撒谎有关，但在扑克游戏中，撒谎既可以表示试图掩饰牌力，也可以表示诈唬。此外，大多数人皆明了这一姿势代表牌力较弱、内心不安，因此当人们想要伪装牌力时，也会有此举动。

　　联系的重要性在这个马脚上表现得尤其明显。我见过太多人在手持强牌的时候露出这个马脚，所以我没有办法用一个笃定的判断来描述它的含义。你必须在玩家的身上找到其行为与这个马脚之间的联系，这个马脚带来的信息才有价值和意义。当然，对于其他马脚也应该这么做。

　　当你笃定这个马脚与某位特定玩家的行为之间具有联系的时候，这个马脚所带来的价值是远超你的想象的。

第四章　下注后的马脚

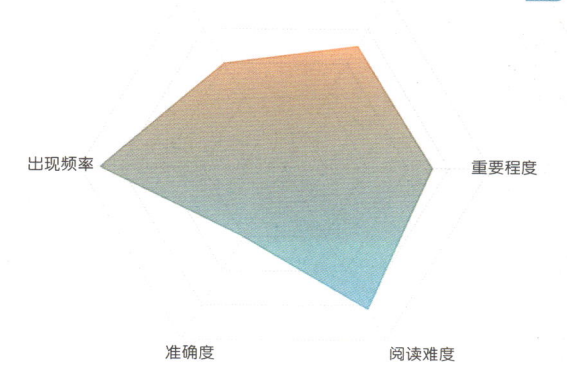

马脚属性可视化雷达图

- 实操难度
- 表演成分
- 出现频率
- 重要程度
- 准确度
- 阅读难度

强

下注后的马脚

这个部分描述的是玩家下注后持有强牌的马脚。在对手行动前的等待阶段，玩家暴露出的这些马脚揭示了其手中拥有优势牌的事实。

下注后的马脚（强）

看向你

有些玩家在价值下注后常常与对手保持眼神接触。

当玩家拥有强牌时，他们的心理状态会相对放松，这种放松状态使他们更自信地展现自己的实力。

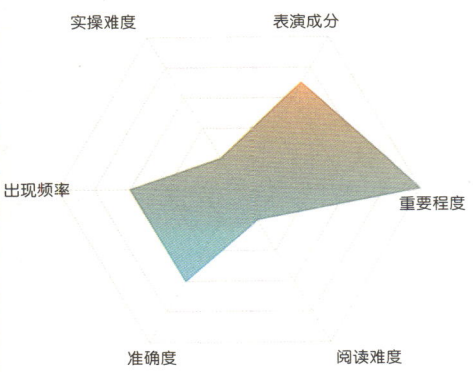

马脚属性可视化雷达图

- 实操难度
- 表演成分
- 出现频率
- 重要程度
- 准确度
- 阅读难度

大部分玩家在持有强牌时，眼神接触的马脚无非表现为两种：一种是增加与对手的眼神互动，另一种是减少与对手的眼神交流。

根据我的经验，当玩家手中的牌较强时，他们往往会更加倾向于与他人进行眼神交流。这种行为背后的原因是，当玩家在诈唬时，他们往往会避免与他人进行眼神接触，因为这样做可以更好地掩饰自己的意图和心态。相反，当玩家拥有强牌时，他们的心理状态会相对放松，这种放松状态使他们更自信地展现自己的实力。

针对单一类型马脚进行观察时，你首先要关注的是玩家在下注后的眼神接触行为。此种马脚易于研究，且具有较高的实用价值。在通常情况下，你只需要观察底池较大时对手的表现，便能基本掌握他的行动倾向。想象一下当对手恰好按照你的预期行动时，你内心油然而生的那种痛快和满足。当你明晓他即将败北，那种注视他的感受更是难以言表。其中的愉悦之感包含着对对手不幸的嘲讽，以及粉碎他们希望与梦想的"邪恶"快感（至少在牌局中）。或许正因如此，许多人在拿到强牌时，会更加倾向于增加眼神交流。

大多数玩家会认为，马脚所提供的信息具有误导性，眼神接触的增加并不一定意味着对手持有强牌，反而更倾句于相信那些密切关注自己的玩家正在尝试诈唬。然而，这种观点实则并无道理。人类的心理活动有时非常复杂，容易产生"强表现即牌弱"的认知（这或许与多年来部分影视作品中将反派角色塑造为外强中干，并且在剧情高潮之际出现反转有关）。人们热衷于丰富自己的内心戏，从而被误导。

在我看来，强就是强，眼神接触同样能暴露真相。只要在解读马脚方面具备足够能力，便可发现强者的眼神是无法掩饰的，弱者的眼神也无处可藏。

大多数人不懂得这个真相，因而你若能辨识出这个马脚，益处巨大。

引诱出"看向你"的马脚

在引诱这个马脚时，我通常会在对手下注后停顿一会儿，这个短暂的停顿旨在给对手施加巨大的心理压力。这个停顿如同一把剑，悬在对手的头顶，使他无法回避我直视的目光。

在这段沉默的时间里，拥有强大牌力的中等水平的对手往往会难以忍受这种紧张的氛围，而尝试与我进行某种形式的互动。哪怕这种互动只是细微如风的触碰，或是难以察觉的目光交换，其眼神、表情或动作都会在不经意间流露出内心的波动。

他有可能会警惕地瞥我一眼，或者用询问的眼光与我交流；他有可能眼中充满怒气，或者只是面无表情地注视我一两秒。在与大部分对手交战中,我发现他们愿意注视我,往往是他们手中持有强牌的表现,他们试图通过观察我,来获取更多的信息。

不过,我并不建议停顿过长时间,以免让对手察觉到你的意图。但面对一些重要或较大的底池,停顿时间长一些有时能获得重要的信息。这时,你要密切关注对手的反应,捕捉他不易被察觉的心理变化。

值得注意的是,一些组合的动作是很有意义的。比如对手刚刚下完注,作出一个表示失望的身体动作(如肩膀下塌,眉头紧锁等),并且老是看着你。这两个马脚本身分别都体现了对手有强牌,当组合在一起时,则意思更加明确。这时,你可以推断对手很可能手中持有强牌,从而迅速地调整自己的策略。

下注后的马脚（强）

放松身体

有强牌的玩家更有可能身体放松。

在一定程度上，这类玩家作出的任何一个放松自己身体的动作，无论多么轻微，都可能暗含着他在牌桌上拥有优势地位。

马脚属性可视化雷达图

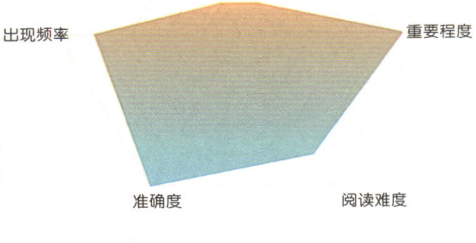

实操难度　　　　表演成分

出现频率　　　　　　　　　　重要程度

准确度　　　　阅读难度

放松自己的身体

有强牌的玩家更有可能身体放松。

放松型的玩家通常在你的观察和阅读面前无处遁形，因为他和紧张型的玩家之间的差异尤为明显。放松型玩家的表现更为自然，他可以自如地移动自己的身体，可以顺畅地呼吸，可以随意地四处观察，可以与同桌玩家开玩笑，有时甚至会刻意冒犯一下对手，试图从对手的表现中找到一些线索。

在一定程度上，这类玩家作出的任何一个放松自己身体的动作，无论多么轻微，都可能暗含着他在牌桌上拥有优势地位。他不需要过度紧张，因为他手中的强牌使得他有足够的信心应对任何一个对手的挑战。

虽然乍一看他好像没什么异样，但你仔细看他的手、眼、肩、腿，就能明白他的放松程度。就算他装出焦虑或失望的样子，你也能从他的动作中看出他其实很放松。

例如，他的手可能会轻轻地移动，轻柔地弯曲扑克牌，或者轻轻地敲打桌子。他的头不怎么动，但他的眼睛在环顾四周，观察其他玩家。他眨眼的时候很自然、很迅速，看起来很自在。他的背和脖子都很放松。他的呼吸很顺畅，胸口起伏有规律。他给人的感觉就是自由自在，好像牌桌上的紧张气氛完全影响不到他。

抖腿有时候也可以揭示玩家的放松状态。玩家如果在下注之后抖腿，在一定程度上表示他此时很放松。而诈唬者通常都由于紧张，无法作出诸如抖腿这类表示放松的动作，更不要说他此时有多么不愿意引起他人注意了。抖腿就相当于把他的诈唬行为展示在聚光灯下，这和当场大喊"我在诈唬你们"没有什么区别。

另外，就算你觉得把抖腿动作隐藏在桌子下方不容易被发现，我也不建议你这么干。你自己低头看看你的腿部正带动着你的衬衫在抖动，这不明摆着告诉所有人你在做小动作吗？

放松地拿牌

有强牌的玩家会较轻松地移动他的牌，因为他非常放松。

这是玩家在手持强牌时会比较放松的另一个表现，但是放松地拿牌和放松自己的身体还是有较为明显的区别的，我认为它值得我特意起一个小标题来进行介绍。

有强牌的玩家没有什么需要掩饰的，他会在看到自己的牌后很自然地调整手臂或手掌的动作，腕部动作更加流畅自然。这个时候你就可以认真观察他拿牌的方式。

通常你会看到这样的情形：

一个手持强牌的玩家在下注之后，如果他希望别人跟注，他一般会把自己的牌从桌面上拿起，然后看似漫不经心地高高举起，这个动作就像是要给他身后的"军师"看一看牌（当然身后是没有人的）。他可能还会在看了自己的牌之后又把它放回去，甚至连续重复好几次这个动作。他也有可能会不耐烦地洗牌。所有这些动作其实都是在表示他的手牌很强。

请注意不要把这个马脚和"威胁要亮牌"这个马脚搞混淆了。

上图左边的玩家下注了。他高高地拿着牌，好像在给后面的人看。这通常表明该玩家很放松，因为他有强牌。

下注后的马脚（强）

真笑

有强牌的玩家更可能展示真正的微笑。

这种行为是出于下意识的本能。倘若你对手中的牌感到不满，或许也会试图通过笑容来掩饰，但那样的笑容无疑是刻意为之的假笑。

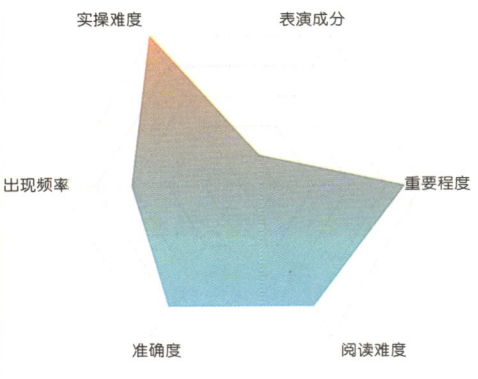

马脚属性可视化雷达图

实操难度　　　表演成分

出现频率　　　　　　　　　重要程度

准确度　　　阅读难度

第四章　下注后的马脚

想象一下，现在是在一个豪华整洁的赛场上，你一路过五关斩六将，来到了一个对你来说级别很高的游戏阶段，并且底池已经被造得相当大了。此时你拿到了一手让你很满意的牌，一旦拿下这个底池，你的筹码量将在接下来的比赛中占据碾压性的优势……我想不用实操，读到这里你的微笑已经挂在脸上了。事实上，许多中等水平的玩家都会有类似的反应。这种行为是出于下意识的本能。倘若你对手中的牌感到不满，或许也会试图通过笑容来掩饰，但那样的笑容无疑是刻意为之的假笑。

关于假笑，你可以查看相关的章节，了解一下真假笑容之间的差别。

下注后的马脚（强）

举止怪异

玩家在下注后做了些奇怪的事，他很可能有强牌。

奇怪的行为包括作出夸张的动作，做个奇怪的鬼脸，说出奇怪的话，或者做任何对于这个玩家而言不应该此时发生在他身上的事情。

马脚属性可视化雷达图

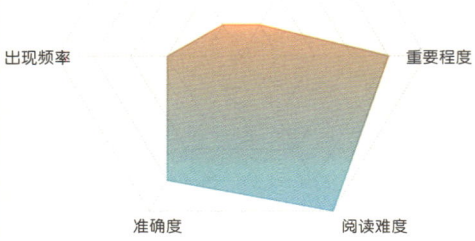

实操难度　　表演成分

出现频率　　　　　　　　重要程度

准确度　　阅读难度

第四章　下注后的马脚

我在前文中曾经提到过，有些玩家很有可能通过在牌桌上做一些奇怪的行为来引起他人注意，甚至惹恼了对手他也毫不在乎。在我看来，这通常是有强牌的表现，因为手中的强牌使得他没有什么好怕的。诈唬的玩家很明显不会冒如此的风险来吸引火力。

这里所讲的奇怪的行为包括作出夸张的动作，做个奇怪的鬼脸，说出奇怪的话，或者做任何对于这个玩家而言不应该此时发生在他身上的事情。

有一个奇怪的行为很有意思，就是一个玩家下注之后，还不等后面的玩家跟注，就早早地把一些筹码丢给了发牌员（通常玩家会在获得胜利之后给发牌员一些筹码当小费，作为对"牌发得对我很有利"的感谢）。这种行为其实很好解释，他在试图用这种惹人生气的举动告诉其他玩家："小费我都付出去了，这把我赢定了，你们不要再无谓地牺牲筹码给我了。"其实这么一想也不知道该说这位玩家是聪明还是笨，反正对于其他玩家来说，确实能少损失一点是一点。

诈唬的玩家通常不会作出这种惹人怒的行为，他们想要安抚他人还来不及呢（见本书中"安抚对手"的章节）。

另一个奇怪的行为是，当你做决定的时间快到了的时候，你的对手反而过来提醒你。我们抛开他是一个极其有礼貌又友善的对手这一因素，他能这么做也大概率不是诈唬，而是已手持强牌。因为诈唬者不太敢，也不太愿意试图用这种方法来激起你的愤怒或好奇。

上述两个例子所述的行为都与很基本的心理学有关，优秀的玩家会把它们混合起来使用，如果你看到了，一定要警惕一些。

下注后的马脚（强）

看似愤怒、担心或恐惧

一些有强牌的对手在下注后会面露愤怒、担心或恐惧。

他在试图引导你认定他畏惧你的进一步行动，但是实际上他可求之不得，期待你造大底池，给他带来更多的筹码。

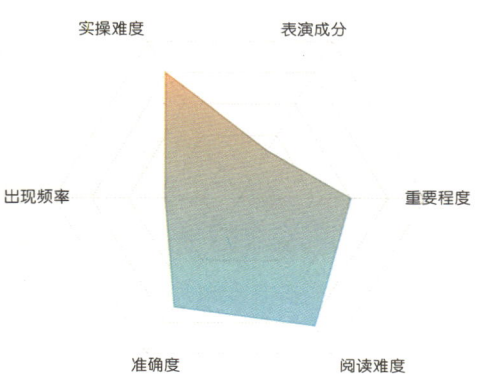

马脚属性可视化雷达图

实操难度　　表演成分

出现频率　　　　　　　　重要程度

准确度　　阅读难度

当你知道这个玩家是故意为之的，你就能阅读出他手持强牌的事实。他是典型的"弱即是强"的理论派玩家。这种玩家在等待行动时看到强牌会表现出失望和沮丧，在进行价值下注之后也有可能面露愤怒、担忧或恐惧。他在试图引导你认定他畏惧你的进一步行动，但是实际上他求之不得，期待你造大底池，给他带来更多的筹码。

不过这种玩家的表情都是非常细微的，千万不要认为你能一眼就看出来。大部分人并不是有意识地露出自己害怕被跟注的表情，而是出于本能的一种示弱，他们想尽量告诉对方："我的威胁性可不大。"具体到脸上，这种细微表情的典型表现一般是：眉毛皱起，眉尾微微下拉，嘴唇微微地抿起来，唇中微微嘟起。有可能是其中一种，也有可能是多种或者全部的组合。

玩家的姿势也有可能是伪装的。他为了让自己不具有威胁性，会尽可能地压缩自己的身体，比如他会把肩膀塌下去，把脖子缩起来，手臂会微微向自己的身体内收。

这部分内容我在"面露失望的表情"部分描述得较为详细。

在分析与表情有关的一切马脚时,务必记得要把先天因素考虑在内。有一些玩家就是会在打牌时作出愤怒或者生气的表情,比如可能会习惯性地皱起眉毛或者抿起嘴唇。你必须把这些因素考虑进去,因为当你确定玩家的表情没有这种天生的或者其他因素使然时,你读他的难度就会有所下降。而那些表情始终如一的玩家,我的建议还是先从他的其他马脚入手。

一个很小但是值得引起注意的情况是:在等待行动时与下注后这两个阶段的失望或担心的表现十分相似,但是又略有不同。有强牌的玩家在等待行动时更可能露出失望的表情,而在下注后则更可能流露出担心或恐惧的表情。

我所提到的这些情绪与表现之间的关联性十分密切,但是详细观察,其实它们的呈现方式有所不同。在这里我虽然笼统地给出了一个概括——如果玩家试图表达任何的负面情绪,那么在绝大多数情况下都是有强牌的表现,但是出于严谨性,我还是需要告诉你其表现方式是不同的。如果你想要更加深入地了解这方面的内容,我建议你去读一读保罗·埃克曼的书《揭开脸部的面具》(*Unmasking the Face*)。书中他详细教授了如何准确地找到面部动作和实际情绪之间的联系。

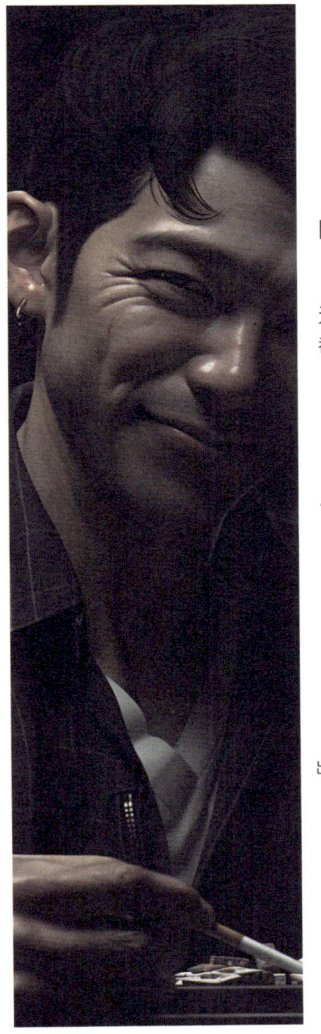

下注后的马脚（强）

主动说话

比平时话多的玩家通常都有强牌。

无论他说了什么话,他主动说话这一行为通常都显示他比那些保持安静的玩家更加放松。

马脚属性可视化雷达图

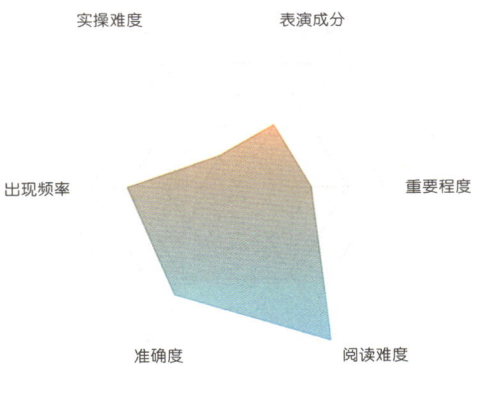

实操难度
表演成分
出现频率
重要程度
准确度
阅读难度

正常的情况一般是这样的：一个玩家说的话越多，他越有可能手持强牌。这个行为放在下注后尤其具有意义。无论他说了什么话，他主动说话这一行为通常都显示他比那些保持安静的玩家更加放松。

在等待行动期间，玩家如果手持弱牌，通常会试图用各种肢体暗示或者语言来说服对手不要下注。主动说话的玩家在试图欺骗你，不过想要从他说的话中套取到一定的线索还是极有可能的。如果你想知道他说的话具体有可能代表什么含义，你可以看一看本书中"其他常见的语言马脚"这部分的内容。不过假如你没有那么多的精力去研究他说的到底是什么意思，或者你懒得去思考他说的话，那么你就权当他的多嘴是有强牌的表现。

另一个值得注意的情况是，当玩家在等待你行动的时候，开始类似于复盘一样谈上一回合具体是怎么打的，那么他很可能手持强牌。

案例

一次和朋友玩德州扑克，我手握 AK 击中顶对，这是相当不错的牌型。游戏进行到河牌圈，我的对手在看到我下注后，选择了加注。面对这个情况，我陷入了纠结，究竟要不要放手一搏，争取赢得这场比赛呢？

从 GTO 的角度来看，我应该继续跟注。毕竟，公共牌对我没有太大威胁，而对手一路跟进的行动都显得比较保守。根据他的表现，我推测他的牌力应该在我之下或者与我持平。

正当我犹豫不决的时候，负责发牌计时的发牌员提醒我，还有五秒时间可以思考。就在这时，我的对手突然开口说："嗯，没事，不急，你再想想……我记得你在转牌的时候就加注了，我跟注了。然后你在河牌的时候下注了一个底池，翻牌前都是谁加注来着？"

听到这些话，我心头一紧，立刻意识到需要改变策略。说时迟那时快，我在千钧一发之际迅速把数好准备推出去的筹码又收了回来，并且假装开始叠筹码。

真好，少了一些损失，今晚吃顿北京烤鸭犒劳一下自己。

持有弱牌的玩家通常不会全面回顾上一回合的交战过程，因为他的大部分精力都用于掩盖自己的意图，他也不可能一一道出对手的具体打法，以免引起对手或全桌人的警觉。毕竟，能够把自己手持弱牌的实情掩饰到这个时候，已经在某种意义上获得了大半胜利，他可不愿提供关于自己手牌的任何信息，以免前功尽弃，由胜转败。

下注后的马脚（强）

好像要盖牌

有强牌的玩家可能会表现出一副好像准备盖牌的没耐心的样子。

有的玩家手握强牌时，左下注后等待下一个人行动的时间里，会用两根手指随意地夹着牌，给人一种随时准备盖牌的感觉。

马脚属性可视化雷达图

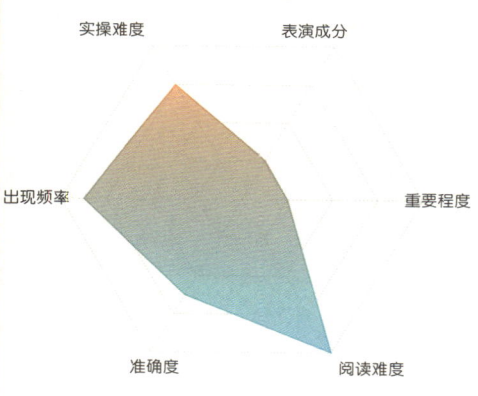

比起无限注德州扑克游戏，这种行为在限注德州扑克游戏中尤为常见。

这种行为多少有点挑衅的意味，潜台词大概就是"我们都知道你要弃牌了，别装了，赶紧弃掉，我好盖牌进行下一轮"，甚至夸张一点来说，这有点接近侮辱性的声明。

我在前文中已经非常清楚地讲过诈唬者通常的内心状况，他会避免表现出任何引起他人注意的行为，更不要说这种有些侮辱性或攻击性意味的语言和动作。所以这么一对比，你就能很容易明白这个动作必然是手持强牌的玩家才能做得出来的。

第五章

行动期间的马脚

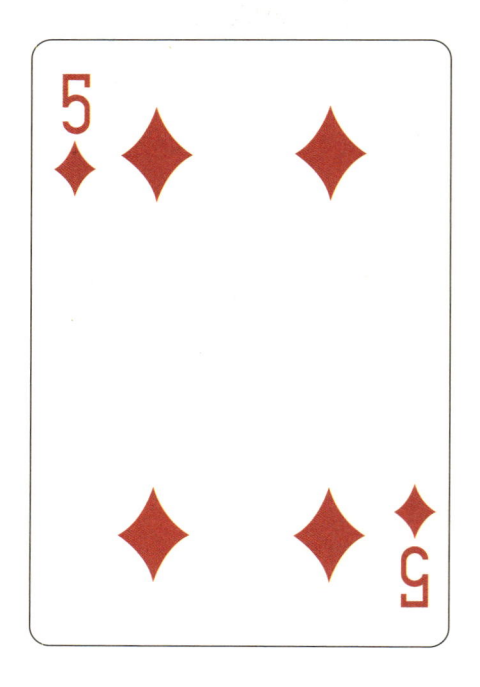

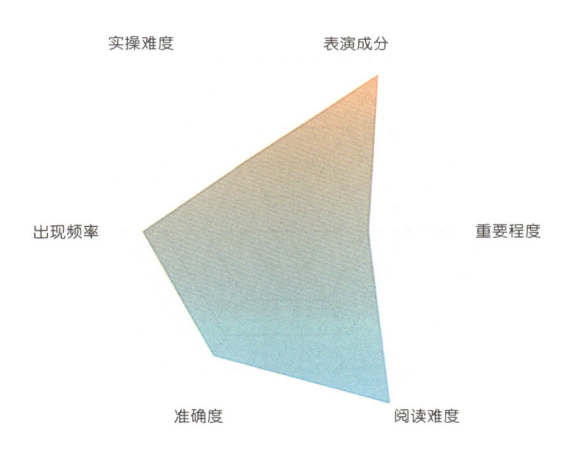

第五章　行动期间的马脚

马脚属性可视化雷达图

- 实操难度
- 表演成分
- 出现频率
- 重要程度
- 准确度
- 阅读难度

相比之下，这个时期的马脚没有较为明显的强弱牌之分，准确性也更弱一些。在这个时期中，你应该更加重点关注联系的重要性。

行动期间的马脚指的是从轮到玩家行动到该玩家完成行动这段时间内展露的马脚。

行动期间的马脚主要分为以下三大类：

- 玩家思考下注的时间长度（也称下注时间的马脚）。
- 下注动作本身。
- 玩家下注或过牌时伴随的言语或身体动作。

行动期间的马脚与前面两个时期的分类略有不同。相比之下，这个时期的马脚没有较为明显的强弱牌之分，准确性也更弱一些。在这个时期，你应该更加重点关注联系的重要性。

下注时间

玩家行动时思考时间的长短会受到许多因素的影响。

在无限注德州扑克游戏中，因为每个决策都至关重要，所以经常能够看到马脚的出现。此时玩家内心真实所想的常与玩家马脚表现出的含义是相反的。

我想这应该很好理解。一位完全不懂马脚学、不懂诈唬的新手玩家与中等水平的玩家对于下注的理解会有天壤之别。通常新手玩家会理所当然地认为下注时间的长度和玩家手中的牌力大小成反比，也就是说下注的思考时间越长，代表着玩家手持的牌越弱，没有充足的自信。但是在无限注德州扑克游戏中，捕捉马脚的价值对于玩家来说太大了。因此中等水平的玩家会有意识地平衡自己思考的时间，从而掩饰自己手牌的牌力，不被捉到马脚。但总的来说，中等水平的玩家会更倾向于在诈唬的时候快速决策，在价值下注的时候花费更多的时间。

当然我所列举的也只是理论上的情况。事实上下注时间会随着游戏的规则和游戏级别的不同而产生非常大的区别。游戏的场景不同，玩家心态的变化也会使得他们的行为作出不可预测的改变。而且下注时间是一种极其容易伪装和控制的因素，这意味着优秀玩家会掺杂更多的表演成分来混淆对手的判断，马脚也会变得更加复杂和具有迷惑性。

我下面举的三个例子，你可能会经常看到。

示例

玩家拿到弱牌后思考很久才过牌，这是在有意识或无意识地释放一种自己有强牌的信号给对手，意图警告对手，表示自己会跟注。

玩家无论手持强牌还是弱牌都迅速过牌，努力平衡自己的行动时间，不给对手任何解读自己的机会，尽管有时候他自己也来不及思考自己决策的准确性。

狡猾的玩家在拿到强牌的时候故意等待很长时间才过牌，露出假的马脚，试图引诱那些误以为他只有弱牌的玩家投入筹码。

这三个过牌的例子已经足以表明，下注时间不同，可能对玩家的手牌会有不同的解读，更不用说还有下注、加注、不同位置、多人底池等诸多因素的影响。如果要考虑所有这些因素，我认为可能需要撰写另一本书才能充分而清晰地解释清楚。

所以联系在此时就显得更加重要。如果你能不断留意玩家的行为和马脚之间的联系，你就能够避免纠结于一些烦琐的细节，逐渐厘清马脚的复杂性。然而，需要注意的是，这是一个庞大而复杂的领域，不要着急追求答案。在学习马脚学的过程中，一段时间没有进展是正常的，不要感到沮丧，更不要轻易放弃。

<u>最重要的方法之一是在已知玩家手牌的情况下了解玩家的打牌风格和动机。</u>有时，玩家故意拖延时间，可能有特定的目的。因此，你应该问自己的第一个问题是："他在轮到自己行动时拖延一段时间，他到底想干什么？"

立即下注和花很长时间下注

当轮到一个玩家行动时，他思考下注的时间长短可能会透露出他的策略或手牌的强弱。当下注所消耗的筹码越多时，从玩家下注时间中获取的信息就越有价值。

换句话说，在无限注德州扑克游戏中，玩家下注所花费的时间通常会有一个"正常"的范围，不长也不短。在低级别的游戏里，玩家可能会迅速下注；而在高级别的游戏中，玩家可能会花更多时间作决定。只有在玩家下注时间出现极端时，才会透露出该玩家手牌的一些信息。下面是两个极端的例子：

- 立即下注或加注（在大部分游戏中不到一秒）。
- 花很长时间下注或加注。

这两种行为都可以被认为是不太"正常"。这就是玩家无论是迅速下注还是花很长时间下注，只要下注的尺度较大，通常都不太可能是在诈唬的原因。他很清楚同桌的玩家正像豺狼虎豹一样盯着自己,他会出于本能避免作出在大家看来普遍觉得很奇怪的举动。

大部分诈唬者会本能地认为,立即下注会引起对手的怀疑。立即下注,特别是下大注,可能会被视为一种挑战性的宣言。立即下注会让对手觉得"这个人似乎根本不需要思考,就敢如此大胆"。这样的行为很可能引起对手的疑虑,因为这似乎不符合常规的下注思考过程。因此,如果想诈唬,等一两秒再下注会更好。这样做,依然传达了自信,还可以避免引起他人过多的关注和质疑。

同样,花费很长时间才下注可能会让对手认为玩家在考虑进行诈唬。中等水平的玩家会尽量在正常的时间范围内下注,因为如果花费很长时间才决定行动,会让对手怀疑他在进行某种心理战。通常遇到不在正常的时间范围内下注的玩家,优秀的对手更倾向于相信玩家手中有强牌。

示例

假设我在转牌圈下注,然后一个玩家在不到一秒钟的时间内对我加注,我会倾向于认为他几乎不可能是在进行诈唬。这是因为在如此短的时间内迅速加注,很难有深思熟虑的策略,更有可能是表达出他手中有强牌。

同样,如果以前在类似情况下,一个玩家通常在河牌圈花费15秒就行动,但这次他花了3分钟下了个大注。这种行为可能表明他在作出决定时更加谨慎,有可能手中的牌很强,因此得更加重视。

如果一个玩家在大底池时展现出与下注时间有关的较可靠的马脚,那么这个马脚一般只适用于重要的决策,尤其是在底池较大的情况下。不太关键的决策不太可能与下注时间马脚有联系。例如,如果玩家在翻牌后持续进行了较小量的下注并且速度很快，我可能不会认为这个举动非常有意义。这可能是因为玩家执行百分之百持续下注的策略，同时由于当前底池较小，他不太担心对手觉得他的行为奇怪。

由于下注时间是一种有意识的、可控制的因素，因而可能会有很大的变数。这一点很重要，因为优秀的玩家通常不会展现出明显的下注时间马脚，但他们可能有能力模拟这种马脚。你应该对下注时间这一线索保持警觉，并对其真实性加以辨别，尤其是在面对优秀的玩家时，你需要更谨慎地评估下注时间的意义，避免他们通过故意调整下注时间来混淆你的判断。

玩家立即下大注有时候可能是在进行诈唬。

这种情况偶尔会出现。有些玩家会在前几轮下注时采取诈唬或半诈唬的策略，导致自己在河牌圈陷入比较不利的境地，因此他们不得已继续进行诈唬。

示例

有一个玩家在翻牌前加注，在翻牌后迅速持续下注。随后在转牌圈，他选择采取半诈唬的策略，表现出一些犹豫或不确定的迹象。最终在河牌圈，他再次迅速发动诈唬。这种行为通常出现在一些水平相对较差的玩家身上。他们试图通过这种方式展现出自信，却未必能够准确判断其他玩家对他们行为的看法。如果你观察到这种行为，就可能捕捉到对手正在进行诈唬的迹象。

这引入了下注时间马脚的另一个考虑因素：公共牌的阅读难度。在许多关键时刻，无论玩家是否首先行动，立即下注都是相当不寻常的。然而，如果在桌上刚刚出现新的公共牌，玩家就立即下注，这种迅速的行动会显得非常古怪。大多数人至少会花费几秒钟的时间来思考这张牌（或这些牌），看其是否改变了牌局形势。

示例

假设你与一个对手面对大底池单挑，牌局已经进入河牌圈，对手首先行动，河牌刚刚发出。在这种情况下，如果对手立即下注，似乎根本没有对牌面进行深思熟虑，这就显得相当不寻常。相比之下，如果你先行动并过牌，然后对手立即下注，可能就不会显得那么奇怪，因为他有更多时间来考虑自己的决策。

有时公共牌虽然增加了新的牌，但其牌面仍然相对容易读取。

示例

一个玩家一直在用同花听牌下注，在河牌击中了同花。在这种情况下，他当然可以毫不犹豫地下注。他的成牌使得他有实力立即行动。同样，如果玩家在翻牌命中了一个暗三，通常不会有太多的转牌或河牌能够让他再三思考是否下注，因此他也会迅速下注。

然而，在其他情况下，大多数玩家都需要思考几秒钟。

示例

一个玩家一直在用超对下注，河牌发出，公共牌的四张有机会组成顺子，这时他很可能需要一些时间来考虑自己的下一步行动。或者，如果他击中了中等牌力的后门同花，他也可能需要一些时间来思考最合适的行动。在这些情况下，迅速下注就显得不那么合理。

在分析玩家的下注时间时，你还需要综合考虑公共牌的复杂性，以更深入地理解对手的意图和策略。

在大部分情况下，我会把它与上面提到的规律联系起来。在上面的示例中，玩家已经在多条街下注，到了河牌圈，他感觉自己只能被迫下注。

示例

假设你与一个弱玩家面对大底池进行对局，他在翻牌前加注，并在翻牌圈和转牌圈都下注了。河牌发出，公共牌的四张明显有机会组成顺子，而他仿佛没有考虑你是否可能击中了牌，直接下了一个大注，这时他很可能在进行诈唬。

总的来说，在大多数情况下，立即下大注通常意味着玩家手中有强牌。然而，有时也可能玩家是在进行诈唬，但通常只有水平较差的玩家在感觉自己陷入困境时才会采取这种策略。水平较差的玩家可能试图通过大胆下注来使对手难以判断他们的实际牌力。

由这个马脚也可见，在行动期间你较难判断玩家行动是否有表演成分，因此较难得出准确的结论。在阅读本书时切忌死记硬背这些马脚，而是要寻求一种合理的思考方式帮助你判断牌局的形势。

♠ 过牌的速度

在无限注德州扑克中，翻牌前加注者通常会在翻牌圈下注（就是持续下注）。

有一些手持强牌的玩家面对翻牌前加注者会选择迅速过牌。因为他们既不想阻止那些玩家的持续下注，也不想在过牌这件事情上思考过多的时间，以免引起任何对手的怀疑。

第五章 行动期间的马脚

通常来说，玩家如果拿着较弱的手牌，都会花几秒钟时间来权衡是否对翻牌前加注者进行过牌。换个角度想，如果你是一个翻牌前加注者，你的单挑对手是一个总是要花几秒时间才会选择过牌的玩家。当他一反常态迅速过牌的时候，你一定要警惕起来，他大概率手持强牌，在请君入瓮（这里的"迅速"没有具体的时间长度，指的是与玩家通常的行动时间相比花费的时间更短，一般是0.1～2秒）。

补充说明一下，最后一个行动的玩家会有一些特殊。

如果最后一个行动的玩家作出了迅速过牌的举动，那你就不用过分担忧了，因为最后行动的玩家通常不会想得太多，也不太会在乎自己的形象和自己在行动中是否会露出马脚，他快速过牌更多是因为庆幸自己可以免费看牌。

如果最后一个行动的玩家花了很长时间才过牌，他大概率手持弱牌，这种情况和第一个行动的玩家花了很长时间才过牌差不多。他们都试图让对手认为自己是在考虑下注，但是最后时刻改变了想法。

我建议把过牌速度的马脚和其他马脚结合在一起，这样可以得到更可靠的信息。

假设你与对手单挑，底池筹码非常可观，你的对手在你行动期间盯着你看，你对他过牌，他花了很长时间才过牌。你是不是可以推断出他的手牌强弱呢？虽然这两个马脚如果分开来看，都表明他的手牌不是很强，但是结合在一起看，他手持弱牌的概率则显著提高了。

再假设你的对手第一个行动,当转牌发出的时候他迅速过牌,你观察他的时候他逃避你的眼神,转而把自己的目光聚焦在牌桌上。这两个马脚结合在一起,你就能够判断他大概率击中了大牌。

下注动作

下注动作指的是玩家在进行下注或加注时,将筹码放入底池的方式。

对手的下注动作可能透露出他的信心大小以及对手牌的态度。他可能会仔细地叠起筹码,然后缓慢地将筹码推入底池,也可能身体前倾,稍显猛烈地推筹码。此外,你要留意他下注时的手部动作是否有一些夸张。

在观察对手的下注动作时,最重要的是注意他向前推筹码的力度。努力记住对手的下注动作,可以在牌局结束后帮助你对他的手牌进行更准确的匹配。

记住,我所说的并不是那种夸张的、将筹码扔到桌上的动作,而是指那些对手努力保持的一贯的下注动作,以及那些无意识的微妙动作。有意识的动作更具有表演成分,需要从其他角度去解读。而无意识的微妙的手部动作可能会透露出对手的内心状态、信心大小,以及对手牌的态度,这些动作需要极为细心才能被观察到,但一旦被发现,它们则具有很高的价值。

两种下注动作倾向

一个人在下注时的动作力度受到多种因素的影响。Mike Caro

的"弱即是强,强即是弱"理论表明,用力往底池扔筹码的人通常试图让自己看起来很强,实际上可能很弱;反之亦然。然而,现实情况比这更加复杂。在观察展露这种马脚的人时,有两个基本的倾向是你需要牢记的。

倾向1　在诈唬下注时动作用力,在价值下注时动作温和

观察一些对手,你可能会发现,当他们进行诈唬或半诈唬时下注动作会很用力。相比之下,当他们有强牌时下注动作会较温和。前者可能表现为手腕在下注时转动更快,筹码被丢得更远,或者在拿筹码出来时手稍微抬高一点;后者则相反。这些微妙的动作背后隐藏着心理学原理,也与Mike Caro提出的"弱即是强,强即是弱"理论相符。这些玩家希望(大部分是无意识的)在诈唬下注时努力让自己看起来更有信心,因此会本能地采用更用力和更快速的动作。相反,当他们有强牌时,会本能地避免引起他人注意,因此下注动作更为缓慢和温和。

倾向2　在价值下注时动作用力,在诈唬下注时动作温和

有些玩家的行为则完全相反。在拿到强牌时,这些玩家的下注动作会更加用力。因为当他们拿到强牌时,他们会更加放松,导致身体更松弛和动作更活泼。他们下注时更用力可能是为了释放心理能量,也有可能是因为焦虑被解除了。

相反,在诈唬时,这些玩家的下注动作会更温和和沉着。因为他们不想引起其他人的注意,或者他们想要展现更强的控制力,从而让其他人相信他们手中的牌很强。

如何辨别下注动作的两种倾向

辨别以上两种倾向的关键在于它们所传达的心理信息。温和的下注动作可以理解为玩家不想吸引他人的注意力（诈唬），或者希望隐藏手中的牌力（价值下注）。相反，用力的下注动作可能是在试图传达很有信心（诈唬），或者是因为自己更放松（价值下注）。

这些并不矛盾，这两种相反的倾向之所以有用，是因为许多玩家可能只会有其中一种倾向。根据我的观察和经验，第二种倾向更为常见。这与 Mike Caro 的理论有所不同，他认为用力地下注更有可能是在诈唬。我认为他的观点更适用于低级别的玩家，因为他们更倾向于有意识地采用某种动作。因此，利用这个马脚一定要注重联系，因人而异。

利用这种马脚来准确读牌并不容易。需要注意的是，我们讨论的是细微的手部动作。针对某位玩家，如果你不能迅速准确地辨别出这种马脚，最好不要花太多时间盯着他看。有经验的玩家在投筹码到底池时的动作通常是一致的。你应该留意这种马脚，但是也要明白不值得花费太多时间去注意他的下注动作。然而，如果你观察到某位玩家两次下注时的动作差异很大，那就值得关注了，因为这可能意味着他的策略有所改变。

以上所述内容实施起来的难度相当大，因为你没有那么多的精力去分析如此多的细节。我更建议你在关键时刻去关注它们，比如当你遇到了某个玩家，他的其他马脚你确实一丁点都找不到的时候。

夸张的下注动作（强即是强）

在前面部分，我们讨论了无意识的相当细微的手部动作。现在，我想说的是，偶尔你会看到玩家下注动作非常用力，这种夸张的动作通常可以被归类为"古怪的行为"。

总的来说，古怪的行为通常表示玩家手中有强牌。

关于扑克马脚，一个最常见的观点是，玩家在下注时动作很用力是在掩盖他的诈唬。这个观点在网上视频、扑克马脚书籍和文章中广为流传。一般来说，我认为 Mike Caro 的"强即是弱"的观点是正确的，然而，这个观点并不是在任何时候都适用的。虽然有少数人在诈唬时采用激进的行为，但大部分人在下注时动作非常凶猛、夸张或表现得"古怪"时，实际上是在进行价值下注，而不是在诈唬。

我这里所说的玩家在下注时采取的一些非常夸张、不正常的动作，包括非常用力地全下筹码到底池，朝特定的对手扔筹码，在下注时盯着对手，或者作出对他来说非常夸张和不正常的动作。

那些善于运用诈唬技巧的玩家通常不会希望引起其他玩家的过多注意，因为这样会增加他们被跟注的风险。因此，在大多数情况下，这些玩家会避免采取任何可能被视为异常或古怪的行为，以免引起对手的警觉和怀疑。

技术较差的玩家在尝试进行诈唬时，会变得更加谨慎和克制。他们深知自己的诈唬技巧不如人，因此会更加担心自己的行为会引起对手的注意，从而导致被跟注。这种担忧使得他们在行为上更加小心翼翼，以避免不必要的风险。

出色的玩家在诈唬时，能保持冷静和正常的状态。他们的自信和经验使他们能够更好地控制自己的情绪和行为，从而不让对手抓住任何可能成为跟注理由的线索,即使这些理由是错误的。因为他们知道,保持平常心是成功诈唬的关键。

因此,当你观察到某个玩家在下一回合下注时作出了非常夸张或者非常规的动作时,你应该提高警惕。这种动作可能是一个信号,表明这个玩家手中持有的是强牌,而不是在进行空气诈唬。

示例

一个玩家在进行下注,如果他仅仅下了一半就突然停止了,这种行为可能表明他并没有在进行诈唬。在通常情况下,诈唬的玩家会全力以赴,尽可能地增加下注额以吓退对手。

如果一个玩家起初只是打算下一个小注,但在最后一刻改变了主意,突然加注,投入了大量筹码,这种行为通常是一个强烈的信号,表明他手中可能持有非常强的牌。

当一个玩家在下注时直勾勾地盯着你,然后作出粗鲁的手势,比如竖中指,这种挑衅行为几乎可以肯定他不是在诈唬。这种行为通常是自信的表现,意味着他对自己的牌非常有信心,甚至可能在试图通过心理战来影响你的判断。在这种情况下,除非你手中的牌确实很强,否则最好谨慎对待,避免不必要的损失。

对于普通玩家们而言,当他们幸运地拿到一手好牌时,他们的心情往往会明显放松下来。这种心理上的缓解感让他们更愿意尝试一些大胆的策略,如更加激进地参与游戏。他们可能会更加用力地将筹码推向牌桌中央;或者通过在牌桌上的谈话试图影响其他玩家；或者在某些情况下，在完成了自己的手牌组合后，会故意用力地扔出自己的下注筹码；或者会喋喋不休，试图分散对手的注意力。这些行为实际上往往是一种信号，表明这些玩家手中的牌确实非常强。

区分细微的手部动作和夸张的动作

我认为区分细微的手部动作和夸张的动作所代表的含义非常有必要。

以一个玩家为例，他可能展现出以下基本倾向：当他手中握有强牌时，他会缓慢而谨慎地推出筹码；然而，在尝试诈唬时，他的下注动作会显得更加用力。但是，在某些情况下，即便持有强牌，这个玩家也可能会选择以一种极为迅速和用力的夸张方式将所有筹码推入底池。这种夸张的动作可能是由于他连续输牌而情绪激动，也可能是他对某个对手产生了强烈的不满。

虽然以上所述行为可能会在某些时刻同时出现，但它们并不矛盾。这个玩家（以及许多其他玩家）在不同情境下可能会展现出多种行为。如果你没有将这些复杂的因素考虑在内，那么这个玩家的行为看起来就会显得毫无规律，令人困惑不解。

从上述例子中，我们可以得出一个主要结论：不论玩家通常的倾向如何，当他采用非常夸张或者过分激进的方式进行下注时，他几乎不可能是在诈唬。我认为这个结论非常重要，因为它涵盖了大多数玩家，并且反映了玩家最常见的倾向。

宣布下注或加注

玩家宣布下注或加注的方式，可能与其牌力有关系。

在扑克游戏中，宣布下注或加注的方式多种多样。在大多数情况下，玩家可以直接将筹码放入底池中，通过这种明显的动作来表明他的决策。在游戏中，有时候玩家会明确说出他打算下注或加注的金额，这样做是为了确保其他玩家清楚地了解情况。然而，也有的玩家在没有必要的情况下，仍然会口头声明"下注""加注""跟注"，或者告诉大家他打算投入的筹码数量。根据我多年的观察和经验，这些在没有必要的情况下仍然口头明确声明的玩家，往往更有可能持有较强的牌。因为他不希望有人误会了他的意思，他手上的强牌可以给他创造非常大的价值，他在心理上不允许有人误解他的行动，给他造成任何有可能的损失。

案例

有一次比赛进入到最后只剩三人，筹码量领先的玩家给我和另一位新手施加了很大的压力。我的上一位玩家（新手玩家，其筹码量较为落后）在筹码量领先的玩家用非常大的筹码量全下之后，看着发牌员认真地说："我也全下，我全下应该是——四万——四千——八百，对吧？"然后一个一个拿出自己的筹码慎重地摆放在桌上。我明白了，于是果断弃掉了自己的强牌，那位新手果然有坚果牌！这种声明正是在重压之下好不容易有机会翻盘，又害怕弄错的表现。

这种现象的反面可以被视为一个"保持安静"的马脚，也就是当玩家手中持有的是较弱的牌时，他通常不愿意多说话。而义无反顾下注的玩家通常更有信心，因为他手持强牌，不太害怕泄露信息。

语调

有些水平较差的玩家在拿到强牌时，会故意用悲伤或沮丧的语调来宣布他们的行动。

他们的目的是让其他玩家误以为他们的牌很弱，从而降低对他们的警惕性，也就是通过表现出弱势来掩盖自己的真实实力。不过你可不要学，表演痕迹太重了，优秀玩家一眼就能看出来。

有些中等水平的玩家在拿到强牌时，往往会采用一种疑问的语调来宣布下注。

他们会在数字后面加上一个向上的疑问语调，如"300？"，这种疑问的语调给人一种不确定的感觉，想向人暗示他们的牌可能比较弱。当然许多玩家都知道这个马脚。当你真正拿到强牌时，也可以没有规律地使用这种方法来混淆对手。

在这一节中有一个重要的原则：重大底池，决策重大。当表情与行为不一致时，永远以行为为准！

咂么嘴

这是一种日常生活中常听到的声音，我称之为咂么嘴。

在 Mike Caro 的书中，他特别提到了这种声音，并称之为"扑克咔哒"。这个声音的产生方式是向上卷起舌头，然后快速把舌头伸向上颚，发出啧啧声。这种声音常常用来表达惋惜之情，言外之意大概是"太糟糕了"。

根据 Mike Caro 的观点，这个声音通常意味着玩家手中的牌较强。他不常听到这种声音，所以不做评价。但是据 Mike Caro 说，在较高级别的游戏中，他偶尔会抓到这个声音马脚并且从未让他失望过。我个人认为，这个马脚之所以准确是因为玩家的无意识行为和非表演性。玩家不太会在这样的细节上有意识地表演。永远记住：无意识行为暴露的马脚最为准确！

发表演讲

在下注之前或下注期间说话的玩家，更有可能持有强牌。

在通常情况下，那些愿意主动说话的玩家比那些保持沉默的玩家更加放松，这可能是因为他们手中的牌较强。但是，如果你注意到一个平时比较安静的对手在推筹码时解释他为什么要下注，那么不论他解释的内容是什么，你都应该提高警惕，因为这很可能是他在试图掩饰自己的牌弱。

关于主动说话代表有强牌的内容，你可以阅读第四章进行更深入的了解。此外,"其他常见的言语马脚"这一节也详细分析了玩家说话的内容,帮助你更好地判断对手的牌力。

耸肩

当玩家在下注时耸肩,通常意味着他手中握有强牌。

你会经常看到一些没有经验的玩家,在将筹码推向底池的过程中,作出耸肩的动作,仿佛在无声地告诉你:"我想我还是应该下注,但其实我也不太确定。"然而,在大多数情况下,玩家耸肩,其手中几乎总是有非常强的牌。

这个马脚在扑克界是非常有名的,大部分经验丰富的玩家都能识别出来。因此,只要对手稍微有一些经验,你在打牌时是不会看到这种耸肩的动作的。

有时你可能会看到一些与耸肩类似的姿势,比如玩家在扔筹码时手掌稍微朝上。当一个普通玩家作出任何暗示犹豫不决或不确定的姿势时,通常都意味着他手中的牌较强。

看着发牌员

持有强牌的玩家在下注时会直视发牌员。

下图中左边的玩家在下注时直视发牌员,这通常是有强牌的标志。

有时候，你会看到玩家没有默默地下注，而是直接看着发牌员并对发牌员说出他的下注或加注的数额，明确无误地传达他的决策。

对于这种行为，我并没有完全理解其背后的逻辑，只是觉得这是一种经常发生的现象。在某些情况下，我猜测玩家之所以这么做，可能是因为他担心自己的下注决策没有被清晰地传达出去，所以他想要确保发牌员能够准确地听到他的决策。此外，还有一种观点认为，玩家直接与发牌员交流，实际上是一种无意识的行为，表明他对自己的下注决策非常认真和自信。

然而，玩家在下注时总是盯着发牌员看这一行为显得有些古怪。通常，这种行为也被解读为玩家手中有强牌的标志。因为那些手中持有较弱牌的玩家往往不愿意作出一些奇怪的举动，以免引起其他玩家的注意。所以，当你看到一个玩家在下注时紧盯着发牌员，这可能传递出他手中有强牌的信号。在实战中我经常利用这个马脚，并且为其准确性所折服。下次比赛你想诈唬我时，如果你盯着发牌员认真地说出全压，我也许会弃牌给你哦。

⬢ 下注时露出受刺激的表情

有些玩家在前位玩家过牌到他后，他下注时会露出受刺激的表情。这往往透露出他的牌虽然还算可以，但并没有想象中的那么强。

这种微妙的马脚通常出现在低级别的多人底池中，尤其是在限注德州扑克游戏中。当多个玩家连续过牌，最后只剩下一位尚未表态的玩家时，这位玩家在下注时脸上可能会露出一丝不自在的笑容，仿佛在无声地传达"既然没人愿意下注，那这个任务就由我来完成了"。同样的情况也会发生在单挑对决中。

下图中两位玩家在翻牌圈都选择过牌，在转牌圈再次过牌，最后一位玩家在下注时展现出类似的表情，似乎在表示"哎哟，看来现在只能由我来下注了"。

在翻牌圈，如果这位玩家处于后位，面对其他四位玩家的过牌，他选择下注，同时面部流露出一丝受刺激的表情，对于大多数经验丰富的玩家来说，这意味着这位玩家手中的牌还算不错，但不至于是强牌。

根据那个被广泛认可的扑克理论——弱即是强，这位玩家可能并不像他表面上显示的那样不安。然而，根据我个人的经验，他的牌也不太可能非常强。在通常情况下，当我观察到这样的马脚时，这位玩家手中可能是一对顶对搭配中等的跟张，或者是第二大对子之类的牌。这样的牌还算可以，但不是超强的牌。相比之下，真正握有强牌的玩家更可能保持冷静或表现出失望之情，因为他害怕他的期待会落空。

有趣的是，这是少数几个与中等牌力相关的、有一定规律可循的马脚之一，它与那些简单表示牌力弱或强的马脚还是有着明显的区别的。

⚅ 不看牌就下注

在下一轮牌还未被发出之前就选择下注的玩家,通常更有可能手握强牌而非弱牌。

一个典型的例子是,在翻牌前选择加注的玩家,在被其他玩家跟注后,会在翻牌发出之前就选择下注。在低级别游戏中,这种现象更为常见。当业余玩家采取这种策略时,几乎可以肯定他手中握有较强的牌。这些牌通常是像 AA、KK、QQ 这样的对子,甚至可能是 AK,而不太可能是比这些更弱的牌。玩家在拿到强牌后,往往想要尝试一些不同寻常或创新的策略,希望能够带来一些新的元素。

有时候,这种打法也包含了一定的防御性考虑,他不希望自己因为翻牌后的不利局面而陷入不敢下注的境地。因此,为了简化决策过程,他可能会选择干脆不看牌就直接下注。

不看牌就下注这种行为传达了一种微妙的被动激进的信息,仿佛是在宣告"即使我不知道发的牌是什么,我依然能够打败你们"。因为那些手持强牌的玩家往往不关心其他牌的情况,只要有这两张强牌在手就足够了。因此,当玩家选择不看牌就下注时,通常可以将其解读为一种激进的声明(无论是否通过言语表达),表明他的手牌很强。你也可以将这种行为归类为"古怪的行为"。

个别优秀的玩家确实有能力用较弱的牌不看牌就下注,但是我还是得说,即便是优秀的玩家,不看牌就下注,他更可能有强牌而不是弱牌。

手抖

玩家手抖通常意味着他有强牌。

这个观点背后的逻辑是，当玩家在下注时出现手抖的情况，很可能是因为他在释放内心的焦虑或无法掩饰兴奋的情绪。这种情绪的流露往往发生在玩家非常确定自己的牌力强大之时，即有所谓的"坚果牌"，因此你会看到他的兴奋和无所畏惧的态度。这与诈唬的玩家形成鲜明对比，因为后者会努力掩饰自己的紧张，尽量保持平静。

这一马脚是由 Mike Caro 提出的。他的观点被广泛讨论，好像这是他提出的最重要的马脚之一。实际上，这是一个非常容易被察觉的马脚，即使是初学者也能轻松识别出来。虽然这个马脚一般很真实，但是我觉得花时间去研究太不值得了，因为这么多年我只见过一两次而已。稍微有点经验的玩家都知道要掩饰自己的情绪，这种情况还能手抖的那得是多新的新手啊！作为一个高手，欺负新人可不是我的作风哦。

此外，手抖可能有多种不同的原因。现代社会越来越多的人从事伏案工作，这也导致其颈椎受压迫的问题日益严重。我身边已经有很多朋友受到这个问题的困扰，相继出现了不同程度的手部颤抖。有时候，只是因为没有按时吃饭，我就会感到我的手部有轻微的颤抖。

对于年纪较大的玩家来说，手抖的原因可能会更加复杂。他可能患有帕金森综合征这样的神经系统疾病，这是一种常见的老年人易患的疾病，会导致手部和其他部位颤抖。此外，还有一些人可能因为正停止服用某些药物而出现这种症状。这些药物可能包括抗抑郁药、抗焦虑药等，停药后会导致一些戒断反应，其中之一就是手部颤抖。我个人认为，这个马脚实在不太靠谱。

其他常见的言语马脚

这个部分补充介绍了通过玩家的言语声明和说话规律来收集信息的方法。下列所述马脚大多数会同时出现，因此不按照重要程度排序。

否认声明

在玩家试图通过声明来解释其某种行为的合理性时，他的语言中所传达的和有意透露的牌力很可能与实际情况是相反的。

我把这类言语统称为"否认声明"，我先举一些示例再进行总结。

示例

在无限注德州扑克锦标赛中，有一位玩家一边全下一边说："唉！我的筹码少，只能这么打了。"实际上，他是在暗示自己全下并非出自主观意愿，而是迫于筹码压力过大，不得不选择全下。这类玩家通常持有较强牌。

两位玩家在翻牌圈碰上了，首先行动的玩家用温和且疑惑的语气笑着说："咦，就咱俩在这儿了？那我先过啦。"他好像并不知道现在就剩他和对手了。他这话其实是在暗示他过牌是想让对手先出，这样他就能掌握局势，更有机会拿到主动权，并不是因为他的牌弱。但实际上，他过牌很可能是因为他手里的牌真的不太强。

在多人参与底池争夺的德州扑克游戏中，最后行动的玩家似乎一时出现了困惑，眨巴着眼睛问道："啊？大家都过牌了？那我加注吧。"他的意思是，他不是因为自己牌很强才选择加注，而是因为其他玩家都已经选择过牌，游戏变得没意思了，所以主动承担加注的责任。但这种说法可能并不真实，因为只有手里有大牌才有资格说这种话，不然的话，他完全可以采取其他策略，比如全下或者弃牌。

在一个玩家普遍较为宽松（宽松主要体现在翻牌前持有的手牌范围较大，愿意用较差手牌去尝试，与紧缩相反）的游戏环境中，桌上的玩家频繁发起加注。一个后面位置的玩家在遭受加注时却突然情绪激动地喊道"加注！加注！加注！大家都加注！"，似乎对其他玩家的加注表示强烈不满。结果，他自己加了二次注。他在暗示自己加注不是因为有强牌，而是因为其他玩家惹怒了自己，所以自己才再一次加注。当然，事实上他加注最有可能他手持强牌。

以上四个示例都很简单，发表声明的人往往试图掩盖或否认其行为背后的真实意图。然而，资深玩家的否认行为往往更加微妙，你需要进行更深入的分析和解读。

在中国有一句古语："听其言，观其行。"我觉得放在这里再合适不过了。人的言行并不总是一致的，有时他所说的话并不能完全反映他的真实想法或意图，你要从他的行为中去了解他的真实意图。

弃牌玩家的发言

在常规桌比赛中，初期弃牌未触及底池的玩家通常会直接或间接地向其他玩家透露自己刚刚弃掉的牌（需要注意的是，在锦标赛中此类行为是不被允许的）。尤其是在级别较小的常规桌游戏中，玩家们会通过各种表情来展示自己的手牌情况，而这些表情有时会不经意地暴露出他们弃牌的线索。此时，你不必急于参与讨论，可以借此机会搜集有用的信息。

如果你的牌友中有水平较差的玩家，你应该遇到过这样的情况。

翻牌发出了一个对子，一个翻牌前弃牌的玩家可能会摇头晃脑，嘴里嘟囔着脏话，或者悄悄地转头跟旁边的人讨论他的牌。有时候你甚至能无意中听到他说"唉，我弃掉了一张J"或其他类似的话。

又或者那个在翻牌前已经弃牌的玩家，一看到翻牌发出458，就面露恶心，开始跟旁边的人嘀咕。我猜，他扔掉的牌很可能是67。

此类玩家泄露信息的方式颇为直接，尽管他们已放弃争夺底池，但其提供的信息仍具有很高的价值。通过推断那些被弃掉的牌，你能够精确地缩小仍在场上的对手玩家所持有的手牌范围。

说谎的人和说真话的人

说谎的人

有的玩家有时会误导你，但是很少公然说谎。他说的真话会比你想象的更多。

我经常看到有些短视频博主为了吸引用户眼球，会大肆宣扬德州扑克是一个依靠说谎来获取胜利的游戏，所有的扑克玩家都在说谎，也都爱说谎。确实，在某些情况下，有的玩家会说谎，但这并不意味着他在每场游戏中都会实施欺诈。以我的经验来看，大部分玩家在牌局中并不经常撒谎。他们可能会掩饰自己的牌，或者在牌局结束后误导你，但在游戏过程中直接说谎的情况较为罕见。

马克·麦克丽什（Mark McClish）曾经是美国联邦执法部门的一名官员，他写了一本书，名为《我知道你在说谎》（*I Know You Are Lying*）。书中有一个非常重要的观点：就算有的谎言看上去简单而且有利可图，人们仍然会努力不去说谎。因为说谎是违背人的天性的。不要说普通人，就算训练有素的杀手，在说谎的时候也会感到心理不适。

只要谎言有被拆穿的风险，说谎的人就会一直处在一种不稳定的心理状态中。因此，为了不处在这种不舒服的状态，大多数人都会尽量避免说谎，玩扑克的人也不例外。除非他们确定自己的谎言不会被拆穿，他们才有可能会在稍微不那么紧张的情况下说谎。

在打牌的时候，大部分玩家一般不会明目张胆地说谎，因为到时候还得亮牌呢。但是，要是他们知道自己手里的牌别人永远看不到（比如说他们打算盖牌或已经盖牌了），那么他们就会觉得说谎也没啥大不了的。

说真话的人

有的人偶尔会告诉你他真正的牌。

这种情况在锦标赛中几乎看不到。为了公平，锦标赛中不允许玩家讨论自己的手牌。但是在普通的常规桌游戏，尤其是在限注德州扑克游戏中，玩家仍然会经常在复盘时讨论自己的手牌来切磋和提升自己的技术。

在通常情况下，我认为如果一个玩家想要通过告诉你他的手牌组合来劝诫你弃牌，他大概率手持弱牌。他这样做是因为你在这手牌中体现出弱势的姿态，他为了避免你在后面击中较好的组合从而打败他，所以想要劝你弃牌。

案例

在限注德州扑克游戏中，对手在转牌圈对你进行下注，你看着自己的手牌和已经投入底池的筹码，正在考虑如何操作才能使得自己利益最大化或损失最小化。这时，你的对手对你说："我有一对Q（如果手牌是一对Q，可称为"超对"，在大多数情况下是强牌组合），你如果弃牌，我就亮牌给你看。"

我们假设这个选手很好预测，他一直以来都打得很直接，并且不喜欢讨论自己的牌，那么这时候他几乎不可能诈唬你。

事实上，有的人在你遇到难以决策的时候，常常会自愿为你提供信息。因此，你遇到难以决策的时候花的时间会更长，因为你不确定他给你的信息是否是真的。对于不那么重要的决策，我的建议是别太纠结，否则别人会因为你的犹豫不决而生气，进而减少给你提供信息的意愿。

别人愿意为你提供信息的另一个原因是，他会站在你的角度默认自己在说谎，觉得你不会相信自己。

示例

一个牌风凶悍的玩家在翻牌前使用自己的手牌 2♣ 3♥ 进行 3Bet，翻牌为 2♠ 2♦ 10♣，他选择下注，然后大喊："我有 2！" 随后又对不相信他的玩家强调："我跟你说，我有 2 哦！"

他觉得桌上没有人会相信他真的拿到了 2，还在那儿大肆宣传。他希望得到全场的关注，并且在别人的错误行动中享受那种众目睽睽之下使坏的感受，这样他在牌局结束赢得底池之后就可以对对手说："我不都告诉你了吗，我有 2 啊！"

技巧性的语言欺骗

尽管人们会避免说谎，但这并不代表他们永远只说真话。说谎和说真话并不矛盾，甚至存在一个介于真假之间的中间态，我觉得用欺骗来形容恰到好处。

这是一种模棱两可的误导。通常这种带有欺骗性的语言都含糊其词，并非真实谎言，但它不会让说话者内心承受过重的谎言压力。然而，他说的并非完整的事实，而是可能遭扭曲或删减的部分事实。

举几个例子：

- "我有好牌。"
- "你这次应该弃牌。"
- "我有一对 Q（玩家手持一对 Q 可以形成暗三条的强牌组合）。"

成功误导对手的玩家可以实现以下目的：

- 误导对手丢掉最大利益，作出违背意愿的决策。
- 避免自己说谎的不适感。

- 避免被其他玩家指责说谎。

对于大部分习惯于二元思维的读者，这部分内容或许较为费解。那么不妨先来看看下面这个案例，我想你应该就能懂其中的含义了。

案例

Jamie Gold 是一位在扑克界出了名的会"欺骗"对手的玩家。2006 年，他参加了 WSOP。在整个比赛过程中，他口才一流，说得头头是道。他虽然不常说谎，但跟他对阵的时候对手总是被他绕得团团转，心里直呼：还不如他直接说谎来得痛快呢！

在无限注德州扑克常规桌游戏节目 *Poker After Dark* 中的一手牌中，Jamie Gold 就用这一技巧成功误导了 Alan Dvorkis。

Alan 的筹码很少，他用 QT 加注。Jamie 低头看到口袋 K，选择全下。在整个过程中，Jamie 一直坚持说："我一点都不骗你，我的牌是 K 高牌（两张手牌中其中一张是 K，并且最大的牌也是 K）。"

当对手对他的话表示怀疑的时候，他开始描述得更为具体。他先是前后两次声明"我的牌绝不是 KQ"，随后直接把牌亮给了周围已经不参与底池争夺的玩家并真诚地请求其证明："小哥，你来说，我的牌是不是 KQ，我骗他了吗？"

这位已经不参与底池争夺的玩家本来不该发言，但他只好老老实实地回答说："确实不是 KQ。"

Alan 虽然不信 Jamie 三番两次的声明，但是旁边的玩家不可能公然与 Jamie 联合撒谎骗自己，于是他说："只要 Jamie 你不是 AK，我的牌跟注就是合适的。"Jamie 此时又一次强调："我不都说了吗，我是 K 高牌，肯定没有 AK，我绝对没骗你！旁边这位小哥不都证明了，我不是KQ吗！"

这些话最终导致Alan跟注。因为对于Alan来说，Jamie手持K高牌，又不是KQ，那么最大的牌面只能是KJ，不管他手持的是KJ还是更弱的K高牌，自己的胜率都是高的。

结果Jamie在Alan跟注后果断亮出他的KK，然后羞怯地说："真一点儿瞎话没说，我手上最高的牌就是K哦！"

不用说也知道，Alan对他非常不满，但是Jamie的狡辩天衣无缝，因为就算你再怎么剖析他说的每句话，他也的确没有说谎，他可以成功扳倒任何对他说谎的指控。

当一个玩家对你说类似于"我有K高牌"之类或任何让他看上去牌力没有那么强的话，你最好开动你的脑筋思考一下，作为你的对手他为什么要对你说这些。

作为世界冠军的Jamie固然不能公然说谎，否则也太对不起他世界冠军的称号了，更何况这个节目还会在电视上播出，说谎的话铺天盖地的舆论都会谴责他卑鄙。这种玩家，不会在这种时刻告诉你他手持的是弱牌，你想一想，谁会自己揭自己短呢？我想换作任何人也不会在这种时候宣布自己的牌弱吧。

如果Jamie的对手是你，当Jamie告诉你他拿到K高牌时，他的意图是让你产生错误的判断。因为他不可能撒谎，而且他的牌不可能很弱，所以你应该从逻辑上推测他可能握有的牌。有了他这样的提示，你应该穷尽自己所能一一列举他手牌各种可能的组合，首先应该想到的就是KK这种组合。

第五章　行动期间的马脚

我觉得这个案例的推理逻辑特别适合探讨言语欺骗这个主题。别一见欺骗就马上全盘否定，实际上，很多时候欺骗是真假交织的。就拿 Jamie 这种高手来说，他讲的全是真话，但你却可能会被误导。

我碰到过不少这样的玩家，但可惜他们的技巧没 Jamie 那么高超，大部分是想耍小聪明，提一下自己的牌试图迷惑我，结果没想到反而把自己手牌的信息暴露给我了。

所以你可以看出这些狡猾玩家的真实意图。他们试图不通过公然说谎来欺骗对手，因此会选择一种非谎言的"谎言"，这样既能体验到说谎的刺激，又能规避说谎所带来的心理负担。

相信还是不信

在以下情况下，你应该相信玩家有强牌：

- 他说的牌很具体，没有太多模棱两可的空间。
- 对于他为什么告诉你他的牌，你能想到一个很好的理由。

在相反情况下，你则不应该相信玩家有强牌。

示例

有一个玩家，你一直以来都知道他在游戏中更倾向于保持安静，却在转牌全下后告诉你："我中了暗三条。"当时公共牌的听牌性很强，他说的话很具体，也很符合逻辑，他告诉你自己有什么牌也是有道理的。所以他可能真的击中了暗三条，并且不希望你跟注。

假如他没有全下，手里还剩一些筹码，那么他告诉你自己手牌情况确实有点奇怪。但他现在已经把所有筹码全下了，后面不需要再做决定，你得多想想他说的话是不是真的。

依旧是这个示例，我们再延伸出另一种情况思考一下。

这次公共牌没有很强的听牌性，对手同样在转牌圈全下，你问他有什么牌的时候，他仍然毫不掩饰地告诉你自己击中了暗三条。与之前一样，他的话很具体且符合逻辑，但是不同的是，你找不出他告诉你自己手牌的理由。所以，可以断定他在用手上的弱牌撒谎。

注意不要被他骗了。有的时候，拿着强牌的玩家就是会跟你说实话，并且让你误以为上当受骗了。因为他已经确定自己可以轻松拿下底池了，玩弄你一下也未尝不可。

表现出牌很强的玩家并不总是意味着他的牌很弱，很多时候他的牌确实很强大。因为他手里已经拿着强牌，这时候如果说谎，带来的好处并不如在诈唬的时候那么多。他没有说谎的必要，更何况说谎还要承担心理压力。所以，对他来说，还是诚实一点更划算。

但是有时候，有强牌的玩家已经确定自己能轻松拿下一个不错的底池，他跟你说实话是为了让你认为他在骗你。有时候，有强牌的玩家就是喜欢玩弄对手。我之前说过，表现出牌很强的玩家并不总是意味着他的牌很弱，很多时候，"强就是强"。在大部分时候，玩家会避免说谎，即使当时说谎对他有利。虽然玩家在牌局中泄露牌力似乎是不可能的，但是你还是应该认真考虑他说的话。

我们再假设另一种情况：对手在转牌圈全下，你正在思考，没一会儿他就对你说："你落在我手里了。"这个时候他有可能有强牌，说的是真话。不过相对而言，我更愿意相信那些把自己有什么牌说得非常具体的玩家说的话，比如"我击中了顺子"或者"我有超对"。

总的来讲，有两个原则你需要牢记：

- 在下注后愿意参与对话的人，更有可能有强牌。
- 诈唬的玩家不会倾向于说可能惹恼对手的话。

在探讨与马脚相关的各项事宜时，我们需要深入挖掘人与马脚之间的关联。然而，有一部分人在说谎时并不会对自己的行为产生愧疚感。这种现象可能源于他们的道德观、心理素质等。对于这类人，我们应在心中为他们设立特殊分类，以便在今后的游戏中更加警惕他们的行为。毕竟，大多数人在说谎时都会感到不适。

谎言的规律

经常说谎的人，他的谎言通常有一定的规律。

比如当他抵抗不了超大底池的诱惑的时候，他会说自己的牌很强（实际上可能牌很弱），或者当游戏前期他想要引诱警惕性较低的玩家投入筹码为自己造大底池的时候，他也会说自己的牌很强（实际上可能牌真的很强）。

这种玩家很会揣度人心，他能够根据谎言在对手心中的可信度来选择性地说谎。如果他在翻牌前加注，翻牌后告诉你他击中了顶暗三条，那么他大概率是在说谎。但是如果他告诉你他有不太可能存在的顺子，那么这应该就是真话。

示例

有一个玩家在翻牌前加注，翻牌发出AQ3，他坚称自己有AQ，并且告诉我："你应该弃牌。"我判断他肯定是在说谎，因为他是有拿到AQ的可能的，他不会把实情告诉我。

换一种情况，假设他在翻牌前就用79进行加注，结果在翻牌击中了顺子。他如果告诉我他的手牌是79，我会认为他是在说真话，因为几乎没有人相信他会在翻牌前就用这样的手牌进行加注,还如此好运地击中了顺子。这种概率在任何人看来都是比较低的。

当一个玩家知道说真话不会影响自己的后续行动的时候,他会倾向于说真话。不过如果他的谎话看上去很可信,有机会能够让对手弃掉手牌,为自己降低威胁,他也会愿意说一些谎话。

在本书中我曾经提到过,很多时候玩家的牌力和他的话多或者话少的行为之间都是有联系的。如果你找不到任何规律,那么我对你最好的建议就是,把他说的话当作耳边风,安安心心把重点放在最基础的GTO策略上。

据我观察,中国的德州扑克爱好者们大都不特别喜欢社交,所以你的对手或许大概率也不那么爱交谈,可能在你分析他的时候听到更多的是来自外界的噪声。所以当对手说出与他手牌有关的话时,你最好把耳朵竖起来认真聆听,不然我估计你很难弄明白他说话的目的是什么。

表达对更强牌的恐惧

有强牌的玩家有时会很放松,以至于说出他对更强牌的恐惧。

在特定情境下,当玩家手中持有优质牌但并非最佳牌时,他有时会坦率地表达对于其他玩家获得更强牌的担忧。在这种焦虑情绪的驱使下,他首先想到的自然是那些可能优于自己牌力的对手。

案例

在一次无限注德州扑克锦标赛上,我拿到了 K♥ Q♥,在翻牌前进行了加注。我的对手选择了3Bet,我认为自己的牌还不错,于是决定跟注。

第五章 行动期间的马脚

翻牌是 K♠9♣3♥。为了掌握主动权,我选择过牌之后看对手如何行动。对手并没有十分激进,而是选择继续下注,但是尺度不算很大,所以我继续选择了跟注。

转牌是 J♣,这张牌的发出对我来说是比较有利的,因为除凑成了 K♠K♥ 对子外,我还有概率可以组成顺子。于是我决定调整策略,我下了一个相当大的注,心里猜想对手有可能是 K 高牌,或者是对子可以击中暗三条之类的。倒也不是我多么自信自己的牌能够打过他,只是当时突然觉得自己应该搏一搏。

对手思考了一会儿摇摇头问我:"兄弟,你是有三个 J 吗?我知道,你击中了暗三条吧!"随后就全下了。尽管很不舍得已经投入底池的筹码,但是我还是及时撤退选择了弃牌。他亮出了自己的一对 9。

这种话我经常听到,我甚至可以告诉你,假设他的牌是口袋 J,也就是击中了暗三条,他会这么问我:"兄弟,你是不是三张 K 啊?"或者如果他击中了三张 K,他会这样问我:"兄弟,你是不是有顺子?"

你是不是也洞察到了背后的逻辑?没错,他之所以能轻松应对,是因为他手中的强牌使得他没有必要去冒险。然而,由于他的牌并非最强,他必须警惕那些可能超越他的强牌。因此,他处于一种微妙的境地:一方面处在相对宽松的状态下,另一方面又怀揣着忧虑。

这种马脚只出现在玩家有强牌的时候,并且通常带来的危险并不致命。因为从概率来看,强牌出现的概率原本就不高,能击败他的牌型不一定恰巧存在。尽管他担忧有更强牌的出现，但毕竟瘦死的骆驼比马大。

如果是没有强牌的中等水平的玩家，应该不会放松到说出这种话。如果说了，一般就是这样的状态——害怕，但也没有那么害怕。

当然，说这些话还有另一个目的：提前说出自己被击败的可能性，让自己在万一被击败时感觉好受点。就拿案例中的情况来说，假设我真的手持一对J，击中了更大的暗三条把他赢了，他还可以嘴硬说："我都知道你手上有一对J了，但我又能怎么办呢？"

抱怨少了

一直在抱怨的玩家突然安静了，看似很放松，他很可能拿到了强牌。

我经常见到一些玩家抱怨自己的运气不好，就差泪如雨下地告诉对手自己的胜算是多么的低，自己的手牌怎么被全场玩家压制，或者自己是如何一步一步失去对拿到强牌的期待的，比如自己从来没拿到过顺子，从来没拿到过较大的对子，从来没有顺利听牌，如何好不容易手持中等偏大的牌却被对手阻击了……

在我们的生活中，有一种人在打牌过程中，无论输赢，都展现出负面情绪。他在出牌环节，总是不自觉地显露出遗憾之情。当运势不佳、连续遭遇劣质牌时，更是毫不掩饰地摇头，对这种结果表现出不满与怀疑。或者总是微微皱着眉头。在牌桌上，此类行为并不罕见，这种玩家或许并非刻意为之，而是习惯使然。但凡打牌有一定时日的人，都应该见到过这种现象。

第五章 行动期间的马脚

如果你发现这种玩家突然转变了举止，比以前安静乖巧多了，那么很可能他有强牌！这时候你可得留个心眼，别让他轻易赚走了你的筹码。让他继续在角落里碎碎念，抱怨为啥没人跟他的强牌吧！

结束语

马脚的来源如此之多,让我们不得不面对这样一个问题:到底如何才能全面观察牌桌上玩家的行为?

答案其实显而易见。在扑克游戏中,我们无法也无须关注和分析玩家所有的行为和信息。试图捕捉牌桌上玩家所有细节的做法不仅令人疲惫,而且对长时间的游戏并无益处。过于专注马脚会使人精力分散,而我们更应该关注的是对手的基本打牌倾向和策略。在游戏过程中,我们应将注意力集中在基础策略上。只有在空闲时间或已掌握对手风格的情况下,才有必要关注他的马脚。

经验无疑是马脚学的基础。马脚学教导我们如何高效捕捉关键的琐碎信息,从而在审视竞争对手时更具成效。我们需要在一次次的实践中铭记,在整个牌局中哪些玩家的哪些方面的信息最有用。

另外提醒一下,每个人的学习方法都不一样。就像玩家在桌上找线索一样,每个人都有自己的招儿。就我而言,我喜欢偷偷地观察对手,不让他发现。而有些外向的人会直接盯着对手看,或者找机会跟人家聊几句。每个人对眼神、表情、姿势和动作的敏感度是不一样的。所以,识别马脚的一切技巧除纸上得来以外,更多的还是得靠自己去摸索,找到适合自己的方法。别着急,慢慢找,总会找到的!

开始观察的时候,你可以先想想书里介绍的那些常见马脚。每个人展露的马脚都不一样。有的人表现得跟书里说的一样,有的人则完全反着来，还有一些人什么马脚都没有。

在扑克游戏里，马脚的表现形式真的是五花八门，谈不上有什么固定的捕捉技巧。但你要知道，时间久了，总有些规律慢慢浮现出来。只要了解了马脚的主要表现，就能找到捕捉它的门路。

在这本书里，我介绍的一些案例和方法，都是为了帮助你搭建一个观察马脚的基本框架，让你理解最常见的马脚，这样，你就能更好地观察你的对手。只要你不忘联系的重要性，一直思考、一直创新，深入研究你的对手，你就能在面对各种情况的时候应对自如了！

至此，我已经将我扑克生涯中遇到的重要马脚尽数罗列出来了，如果你有与我不同的其他见解，欢迎随时和我交流。在写作本书的过程中，我查阅参考了大量国内外的资料，其中不免会出现一些不可理解的内容，在此过程中我也逐渐意识到自己的水平和能力仍有欠缺。若书中有错漏，请大家谅解并反馈给我，以便我修正。

最后，奉上德州扑克的终极奥义：

多陪老婆，少打德扑。